essentials

Michael Loebbert

Coaching in der Beratung

Wie Beratung erfolgreich ist

 Springer

Michael Loebbert
Fachhochschule Nordwestschweiz
(FHNW), Hochschule für Soziale Arbeit
Olten, Schweiz

ISSN 2197-6708 ISSN 2197-6716 (electronic)
essentials
ISBN 978-3-658-20601-7 ISBN 978-3-658-20602-4 (eBook)
https://doi.org/10.1007/978-3-658-20602-4

Die Deutsche Nationalbibliothek verzeichnet diese Publikation in der Deutschen Nationalbibliografie; detaillierte bibliografische Daten sind im Internet über http://dnb.d-nb.de abrufbar.

Gedruckt auf säurefreiem und chlorfrei gebleichtem Papier

Springer ist Teil von Springer Nature
Die eingetragene Gesellschaft ist Springer Fachmedien Wiesbaden GmbH
Die Anschrift der Gesellschaft ist: Abraham-Lincoln-Str. 46, 65189 Wiesbaden, Germany

Was Sie in diesem *essential* finden können

- eine kompakte Einführung für Coaching in der Beratung
- das Konzept der Erfolgsfaktoren für Beratung
- Formen und Einsatzmöglichkeiten von Coaching in der Beratung
- Coaching als Supervision für Beratungspersonen und -projekte
- Coaching in der Zukunft des Beratens

Die Zielgruppen

- Beraterinnen und Berater, die Beratung im Rahmen ihrer beruflichen Tätigkeit ausüben
- Studierende und Dozierende in Beratungsweiterbildungen und -studien
- Coaches und Supervisorinnen
- Kundinnen und Klienten von Beratung

Der Inhalt

- Beraten als Leistungsprozess
- Erfolgsfaktoren für Beratung
- Wertbeitrag von Beratung
- Coaching und Supervision von Beratung
- Zukunft des Beratens

Vorwort

In meiner Einführung zur Coaching Theorie habe ich den Umriss einer beraterischen Handlungstheorie beschrieben (Loebbert 2017). Es geht um den Erfolg unserer Klientinnen und Klienten, den diese durch Handeln erreichen können. Berufliche Themen, Fragen und Leistungen werden im jeweiligen Praxisfeld bestimmt (Loebbert 2014). Die Erfolgsfaktoren des spezifischen *Leistungsprozesses Beratung* sind Bezugspunkt für die Entwicklung von Verbesserung von Beratung. Darum geht es bei Coaching in der Beratung, sowohl diese besser zu steuern als auch noch besser für Klientinnen und Klienten nutzbar zu machen. Die Beschreibung und Beobachtung von kritischen Erfolgsfaktoren gibt den roten Faden.

Beraterinnen und Berater mögen kurze Bücher. Psychologie, Soziologie und Interventionstheorie von Beratung werden fast vollständig weggelassen. Beratung wird aus der Perspektive von Coaching auf ihre Essenz kondensiert. Dieser Text erscheint als eine eigenständige Publikation, um den Wert und den Nutzen von Coaching im Praxisfeld Beratung für die Qualität und Wirksamkeit von Beratung hervorzuheben. In der Folge wird deutlich, dass erfolgreiche Beratung, welche den *Handlungserfolg* ihrer Klientinnen und Klienten in den Mittelpunkt stellt, immer (mehr) auch Coaching beinhaltet. Beratung braucht in der Zukunft mehr Coaching, um erfolgreich zu sein.

Dr. Michael Loebbert

Inhaltsverzeichnis

1 Einleitung: Warum Coaching in der Beratung? 1

2 Was heißt Beratung? 5
   2.1 Ansatzpunkte und Formen der Beratung 6
   2.2 Der Leistungsprozess der Beratung 11
   2.3 Kritische Erfolgsfaktoren für Beratung 15
   2.4 Wirkfaktoren für erfolgreiche Beratung 18
   2.5 Das Verhältnis von Coaching und Beratung 22

3 Coaching für Beratung 27
   3.1 Die Einführung des zweiten Beobachters 27
   3.2 Themen und Formate 32

4 Coaching in der Zukunft des Beratens 39

Literatur 43

Über den Autor

Dr. Michael Loebbert (www.mloebbert.com) arbeitet seit 30 Jahren als Executive Coach, Supervisor und Organisationsberater. Seit 2009 verantwortet er den Masterstudiengang für Coaching und Supervision (MAS Coaching FHNW) an der Fachhochschule Nordwestschweiz mit einem Teilzeitmandat. – Er kann auf einschlägige Veröffentlichungen zu Beratungsthemen verweisen. Schwerpunkte seiner Praxis sind Coaching und Beratung für Beratungsunternehmen und -programme und die Einführung von Coaching in Organisationen.

Einleitung: Warum Coaching in der Beratung? 1

Wer Beratung in Anspruch nimmt oder selbst berät, hat damit in der Regel mindestens zwei Hypothesen im Gepäck. 1) Die Hypothese der Klientin: Mit dieser Beratung sollte ich in meinem Anliegen erfolgreicher sein als ohne sie. 2) Die Hypothese der Beratungsperson: Mit einer Beratung kann ich tatsächlich zum Erfolg meiner Klienten beitragen.

Erfolgreiche Beratung entsteht in der Interaktion von Klientin und Beratungsperson. Im modernen marktförmigen Zusammenhang von wirtschaftlichen Austauchbeziehungen ist das als professionelle Dienstleistung gerahmt. Es geht immer auch um die Vorstellung eines wirtschaftlichen Nutzens, auch wenn dieser nicht im Einzelnen ausgewiesen ist. Beratung wird in irgendeiner Weise direkt oder indirekt bezahlt. Im nicht beruflichen Zusammenhang privaten Zusammenlebens kennzeichnet Beratung als Kommunikation soziale Beziehungen wie Familie, Freundschaft und soziale Gemeinschaft. In diesem *essential* wird in erster Linie Beratung im professionellen Zusammenhang adressiert: Was heißt es, einen Beratungsprozess als Leistung erfolgreich zu steuern und damit zum Erfolg für Klientinnen beizutragen. Das kann auf den privaten Modus von Beratung durchaus übertragen werden, auch wenn hier die „Münze" oder der Wertgegenstand des Austauschs, nämlich Freundschaft und Gemeinschaft, ein anderer ist. Ja, in einigen Praxisfeldern professioneller Beratung werden soziale Beziehungen selbst zu einem Geldwert, wenn die damit vielleicht vermiedenen betriebs- oder volkswirtschaftlichen Kosten und der persönliche Nutzen für Klienten in Rechenmodellen ausgedrückt werden, wie das z. B. in der Arbeitsintegration und Gesundheitsberatung der Fall ist.

Ohne den Nutzen und den Geldwert von Beratung zu sehr in den Mittelpunkt zu stellen, ist damit doch ein belastbarer Ausgangspunkt für ein Verständnis der spezifischen Leistung von Beratung erreicht. *Beratung ist erfolgreich, wenn sie*

© Springer Fachmedien Wiesbaden GmbH 2018
M. Loebbert, *Coaching in der Beratung,* essentials,
https://doi.org/10.1007/978-3-658-20602-4_1

für die konkreten Beratungsklienten und das Erreichen ihrer Erfolge nützlich gewesen ist. Die in der Realität womöglich unterschiedlichen Beurteilungen von Klientinnen, Beraterinnen und ihren Auftraggeberinnen sind darin schon einbezogen. Beratung ist zunächst dann erfolgreich, wenn sie für die Klientin in ihrer vielleicht ganz subjektiven Erfolgsvorstellung in ihrem *Erfolgskalkül* nützlich und hilfreich gewesen ist. Diese subjektive Perspektive bewährt sich selbst dann, wenn sie im Widerspruch zu den Perspektiven anderer Interessengruppen von Beratung wie den Auftraggebern und sogar den Beratungspersonen selbst steht. Diese kommen allerdings in zweiter Linie zum Zuge, wenn es um die Beauftragung und Bezahlung geht bzw. diese bestimmte Beratung als Interaktion auch als reale Dienstleistung ermöglicht wird.

Menschen in unterschiedlichen Praxisfeldern moderner Gesellschaften müssen sich in schnell veränderlichen, dynamischen und unsicheren Kontexten orientieren. Mit der immer komplexer werdenden Arbeitswelt und der weiteren Individualisierung von Leistungen und Produkten (vgl. Baecker 2016, S. 9 f.) haben die Komplexität und damit die Anforderungen an Steuerungs- und Orientierungsleistungen von Individuen in den letzten Jahren stark zugenommen. Z. B. sind klassische hierarchische Modelle der Organisation in vielen Bereichen immer weniger verlässlich. Denken Sie an die aktuellen Diskussionen im Management über *Holokratie* und *Agilität*. Auch bei gesellschaftlichen Herausforderungen wie Arbeitsintegration und Gesunderhaltung ist die Entwicklung und Verbesserung der Selbststeuerung immer bedeutsamer für den Erfolg. Menschen müssen und dürfen sich immer mehr selbst steuern und organisieren, um erfolgreich zu sein.

Und das ist nicht nur für Klienten von Beratung so, sondern auch für die Beratungspersonen selbst eine Herausforderung geworden: Rezepte wie: „Ich zeige dem Klienten, wie es geht" oder „meine Analyse wird ihn schon erfolgreich machen", funktionieren immer seltener und immer schlechter. Beratungsklienten sind unzufrieden, wenn die Konzepte und Ratschläge der Beraterinnen für ihre Anliegen nicht wirklich umgesetzt werden. Beraterinnen sind unzufrieden, wenn ihre Interventionen von den Klienten nicht (mehr) in dem Maße als nützlich wahrgenommen werden, dass sich eine Investition in Beratung rentiert.

Coaching, das ist die *Unterstützung der Selbststeuerung* der Klienten, ist eine Antwort auf die immer komplexer werdende Lebenswelt. Ursprünglich wurde Coaching im Sport entwickelt. Nicht allein im Spitzensport macht die individuelle Steuerung, die Passung zur Person der Sportlerin, den entscheidenden Unterschied für das erreichbare Leistungsniveau. Diese Vorstellung von Leistung und ihrer Steuerung bewährt sich seither insbesondere auch im Coaching von Führungskräften, von Menschen in beruflichen Überganssituationen bis hin zum

Schülercoaching. Der *Leistungsprozess,* engl.: *performance,* der Klientinnen steht im Mittelpunkt (vgl. z. B. Whitmore 2017).

Erfolg und Leistung setzen gelingende Selbststeuerung voraus. Erfolgreiche Beratung wird deshalb in Zukunft *mehr Coaching* sein. Coaching kann Antworten geben, wo ein traditionelles Verständnis von Beratung heute an seine Grenzen stößt. Dafür argumentiere ich in diesem *essential.* Wirksame Beratung ist eine direkte Unterstützung der Handlungssteuerung ihrer Klienten. Damit die Handlungssteuerung in komplexen Kontexten gelingen kann, wird immer mehr Selbststeuerung benötigt. Beratung in komplexen Kontexten enthält darum zunehmend *Coachingelemente für die Selbststeuerung* von Klientinnen. – Zugleich beschreibt Coaching die Prozesssteuerung moderner Beratung. Und auch Beraterinnen können Coaching für die Verbesserung der Wirksamkeit ihres Beratungshandelns nutzen. Coaching in der Beratung (Kap. 2), als Prozesssteuerung von Beratung überhaupt, und (Kap. 3) als Coaching bzw. Supervision von Beratung, passend eingesetzt, verbessert den Handlungserfolg der Klientinnen. Darum sollte es beim Beraten ja gehen. Und darum geht es beim *Coaching in der Beratung* als Beratungsformat und als die Beratung von Beratung als Leistungsprozess.

Was heißt Beratung?

Mit dem Verb *beraten* wird eine reflexive Bedeutung, *sich beraten,* und eine transitive Bedeutung, *jemanden beraten,* verbunden (vgl. Wandhoff 2016, S. 42). In der deutschen Sprache wird diese Mehrdeutigkeit in der Verwendung einer reflexiven und einer nicht reflexiven Form ausgedrückt: „ich berate mich mit jemandem, wir beraten uns", „ich berate jemanden oder werde von jemandem beraten". Sei es, dass ich mit mir selbst ins Reine komme, wir einen gemeinsamen Entschluss fassen wollen oder eine Beratungsperson dafür fungiert, einer anderen Person behilflich zu sein. Und es ist gegebenenfalls der Andere, das andere Subjekt, welches den Unterschied macht, indem es meine herkömmlichen Vorstellungen infrage stellt und neue Sichtweisen anbietet.

Beraten wird als eine Form der Interaktion (Kommunikation) von Menschen, und sei es mit sich selbst, gefasst. Im Begriff *beraten* ist wie im griechischen Wort für Rat, *boulé,* die *eùboulia,* die Wohlberatenheit im Verfolgen von Handlungszielen, schon mitgedacht (vgl. Macho 1999, S. 16 f.). Was will ich tun? Und wie will ich es tun? – Diese klassische Definition knüpft an die Bestimmung von *Beraten als Willensbildung* an, welche schon Aristoteles vorgelegt hat, um damit den damaligen Sprachgebrauch (Griechenland 440 v. Chr.) zusammenzufassen. *Beraten ist eine Kommunikation oder Interaktion von Menschen für einen Prozess der Willensbildung, der zu einem bestimmten Handeln führt* (vgl. Aristoteles NE 1111b5 ff.).

Die Unterscheidung von Personen als Beraterinnen und Menschen, die sich beraten lassen, beschreibt darin eine *funktionale Asymmetrie* (Wandhoff 2016, S. 32): Die Beratungsperson ist für die passende Steuerung des Beratungsprozesses und seiner Inhalte verantwortlich. Der Klient ist der Inhaber der Steuerung der Willensbildung für sein Handeln. Das gilt für die transitive Beratungsbeziehung genau so wie für die reflexive Beratungsbeziehung, in der das Subjekt oder

© Springer Fachmedien Wiesbaden GmbH 2018
M. Loebbert, *Coaching in der Beratung,* essentials,
https://doi.org/10.1007/978-3-658-20602-4_2

mehrere in einer Beratung verbundene Subjekte sich selbst zum Gegenüber werden. Das Subjekt ist in der Frage des Handelns nicht hintergehbar. Natürlich kann niemand anders für mich wollen. Auch in der reflexiven Verwendung ist damit ein gewisser Vorrang der transitiven Bedeutung verbunden. Das grammatische Objekt von *beraten* ist als das Subjekt des Handelns gedacht, um das es in der Beratung geht.

2.1   Ansatzpunkte und Formen der Beratung

Beratung als Hilfe und professionelle Dienstleistung

Die Leitfrage von *Beraten,* „Was soll ich tun?", wirkt in Bezug auf das mit *Beraten* verbundene Handeln wie ein Zeitaufschub oder auch als eine Unterbrechung. „Die Frage kostet Zeit, und bringt doch Zeit überhaupt erst hervor" (Macho 1999, S. 16). Die Zeit wird als *nützliche Zeit* dafür aufgewendet, mit den entsprechenden Handlungsvorhaben noch erfolgreicher zu sein, noch besser voranzukommen – oder gegebenenfalls die Option zu wählen, ein Handlungsvorhaben aufzugeben oder zu verschieben, wenn ein Erfolg unwahrscheinlich scheint.

Mit der Einführung einer Beratungsperson (*funktionale Asymmetrie,* siehe oben) entsteht damit – nützliche Zeit für den Klienten – eine Leistungsbeziehung. Aufgabe und Rolle der Beratungsperson ist es, ihren Klienten, den Beratenen, bei seinem Vorhaben zu *unterstützen* … und sei es, erst einmal herauszufinden, was ein lohnendes Vorhaben sein könnte. In Bezug auf eine Theorie der Hilfe (vgl. Schein 2009, 2016) ist mit Beratung die Absicht verbunden, eine helfende Beziehung zu gestalten. Beraten ist eine *helfende Tätigkeit.*

Innerhalb des in diesem *essential* gewählten Rahmens wird Beratung als eine *professionelle Dienstleistung* bestimmt (vgl. zu Professional Service Maister 2000; siehe auch Loebbert 2017, S. 154 ff.): Dazu gehören Standards der Ausbildung, Berufsorganisationen von Beraterinnen, ein gesetzlicher Rahmen und auch das Management der Dienstleistung als Dienstleistung nach dem Stand der aktuellen Praxis vergleichbarer Angebote.

Die Abb. 2.1 skizziert den Zusammenhang von *Beraten* durch eine Beratungsperson, das sind die Schritte des Beratungsprozesses (1) bis (5), mit dem dazugehörigen Managementprozess, sprich dem Marketing, dem Verkauf etc. Beratung als professionelle Dienstleistung verschränkt den für Klienten und Kunden unmittelbar wahrnehmbaren Leistungsprozess mit dem Management dieser Dienstleistung. Die manageriale Steuerung ist Bestandteil jedes Beratungsprozesses. Welches und wie viel Management für eine erfolgreiche Beratung notwendig ist, ergibt sich aus dem konkreten Beratungsprozess. Das gilt allgemein in gleicher Weise sowohl für die Steuerung in wirtschaftlich gefassten Beratungsunterneh-

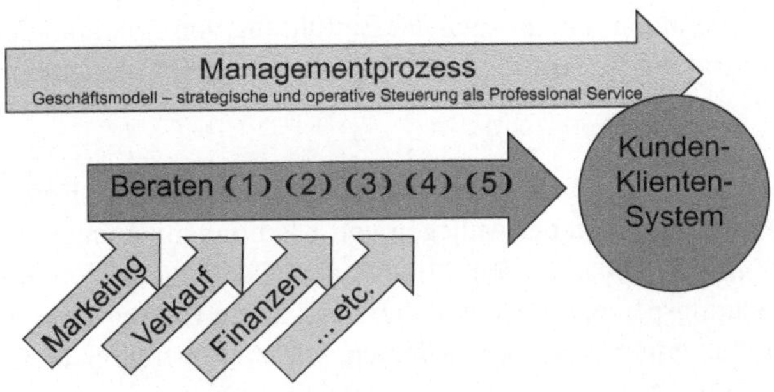

Abb. 2.1 Beraten als professionelle Dienstleistung

men (Selbstständigkeit, rechtliche Gesellschaften) wie auch im Zusammenhang von sozialen oder staatlichen Organisationen (Beratungsangebote und -stellen). Dabei unterscheidet sich die Situation in einem Unternehmen für Unternehmensberatung z. B. ganz konkret von der in einer kommunalen Beratungsstelle für Familien. Die Beratung an professionelle Dienstleistungsrollen zu knüpfen, wie die explizite Beratungsrolle, die implizite Führung oder andere Rollen professioneller Hilfe, gibt eine adäquate Vorstellung davon, wie Beratung in modernen arbeitsteiligen Gesellschaften als Austauschbeziehung ausgeübt wird.

Handlungsfelder und Anliegen von Klientinnen
Die Handlungsfelder der Beratung können nach den Handlungsfeldern ihrer Klientinnen unterschieden werden. Was Klienten nützlich ist ein konkreter Erfolg in ihrem jeweiligen Handlungsfeld. Für eine Klientin im Sozialbereich kann es ein Erfolg sein, fassbare Schritte zur Konsolidierung ihres Alltags gegangen zu sein. Für eine Managerin als Klientin geht es vielleicht um die Umsetzung eines Verhaltensziels oder die erfolgreiche Führung eines Unternehmens in einem disruptiven Wettbewerbsumfeld. Erfolg von Beratung ist aus der gewählten pragmatischen Perspektive ihr Beitrag zur Verwirklichung konkreter Handlungsvorhaben von Klienten in ihren unterschiedlichen Praxisfeldern (vgl. Loebbert 2017, S. 122 ff.). Diese können z. B. sein:

- Gesundheitsberatung für Anliegen der Gesunderhaltung oder Heilung
- Managementberatung für Anliegen einer verbesserten Handlungssteuerung oder/und Unternehmenssteuerung von Managementfunktionen
- Finanzberatung für Anliegen finanzieller Optimierung
- Sozialberatung für Anliegen sozialer Konsolidierung und/oder Integration

- Technologieberatung für Anliegen der Einführung von Technologien
- Marketingberatung für Anliegen zur Verbesserung und Entwicklung von medialer Wirksamkeit

Die Liste lässt sich fortsetzen. Dieser pragmatische Vorschlag, Beratungsformen nach den Handlungsfeldern der Anliegen von Klientinnen zu unterscheiden, stellt das *Handeln der Klienten* in den Mittelpunkt. Der Nutzen von Beratung und damit der Beratungspersonen bemisst sich nach ihrem Beitrag zu einer Verbesserung der Handlungssteuerung ihrer Klienten, wie z. B. erfolgreiche Gesunderhaltung, erfolgreiches Management oder erfolgreiche Integration.

Beratung als Prozessberatung
Wenn mir Informationen fehlen, kann ich diese im Internet oder in einer Bibliothek recherchieren. Ich kann eine Expertin fragen, die sogar schon Erfahrung mit ähnlichen Vorhaben hat. Mit dieser Beratung, dem Zurateziehen eines Experten, bin ich als Klient schneller handlungsfähig. Beratung liefert möglichst konkrete Anleitungen, Best Practices, was schon woanders gut funktioniert hat. Edgar Schein (vgl. 2003, S. 39 f.) nennt das *Expertenberatung,* „Telling and Selling" (ebenda). Am besten ist es, die Beraterin macht es gleich für mich, sie kann es ja. – Es wäre auch Verschwendung und Missachtung von Erfahrungen, wenn ich mit jeder neuen Handlungsherausforderung quasi die Welt neu erfinden wollte. Expertenberatung funktioniert gut, wenn ich schon weiß, was ich will, und belastbare Erfahrungen von anderen Personen zur Verfügung stehen, wie ich das erreichen kann.

Die soziologische *Systemtheorie* und mit ihr die *Kybernetik* als Vorstellung der Steuerung von sozialen Systemen macht darauf aufmerksam, dass inhaltliche (Experten-)Beratung nur reproduzieren kann, was im Beratungssystem schon an Informationen vorhanden ist. „Wie soll ich bloß unsere Kosten senken? – Entlasse doch einfach einige Mitarbeiter." „Wie soll ich denn mit weniger Mitarbeitern auskommen? – Rationalisiere doch einfach die Prozesse." „Wie soll ich bloß die Leistungsprozesse rationalisieren? – Setze doch einfach unsere Standardsoftware ein."

Das ist dann nützlich, wenn ich ein Rezept, eine Best Practice suche, mit der ich mein Handeln erfolgreicher strukturieren kann. Kostensenkung funktioniert aus Managementsicht immer. Der Zusammenhang mit einem erwarteten *return on investment* scheint trivial. Und der Mehrwert klassischer Beratung, wie ich meine Kinder erziehen soll, damit sie möglichst studieren werden, wie ich ein Formular am besten ausfülle, um die beantragte Leistung auch zu erhalten, etc., ist augenscheinlich. Mit der Bildung eines Beratungssystems aus Beratenem und

Beratender sind neue und mehr Informationen verfügbar, welche die Beratenen für ihre Handlungssteuerung nutzen können.

Daneben gibt es aber auch Herausforderungen, bei denen mir (weitere) Informationen nicht viel nützen: Ich habe die Frage nicht oder noch nicht klar formuliert, für die ich eine Antwort suche. Ich bin auf einem unbekannten Terrain und weiß noch gar nicht, welche Informationen mir helfen können. Meine bisherigen Vorstellungen, wie ich mein Handeln erfolgreich steuern kann, funktionieren nicht oder nicht mehr. Mein Handeln ist mit *anderen Personen* verbunden, sozialen Kontextbedingungen, die ich nicht kontrollieren kann, die nicht kontrollierbar sind. Die Situation ist (sozial) offen, nicht von mir mit meinem Handeln abschließbar.

Oft wünsche ich, ich bräuchte doch bloß einen Experten, der mir sagt, wie und was, jemand, der mir einfach umsetzt, was ich will. Doch die Rahmenbedingungen sind *komplex,* sobald Personen dazu kommen, die ihren eigenen Willen haben, die sich anders entscheiden können, als ich es vorausgesehen habe. Alles kann auch anders sein und verändert sich auch noch schnell *(Varianz und Volatilität).* Das technische Modell *wie und was* funktioniert nicht, wenn die Anzahl der Möglichkeiten und die Geschwindigkeit der Veränderung der Rahmenbedingungen hoch sind. Dann sind Beratungspersonen nützlich, die mich dabei unterstützen, eine neue und passende Steuerung, *neue Prozessmuster meiner Selbststeuerung* auszuprägen, anzupassen und zu verändern. – Das *Konzept der Selbststeuerung* adressiert darin aus handlungstheoretischer Sicht ein Zentrum oder eine Ebene oberhalb der operativen Handlungssteuerung, welche die spezifische Handlungssteuerung in einem bestimmten Anliegen in einer bestimmten Situation auswählt und kontrolliert.

Für diese Art der Beratung hat Ed Schein seit den siebziger Jahren des letzten Jahrhunderts den Begriff *Prozessberatung* geprägt. Prozessberatung richtet sich weniger auf die Inhalte wie vielmehr auf *die Steuerung des Handelns in komplexen sozialen Kontexten.* – Und die soziale Komplexität ist mit dem Einzug moderner Kommunikationsmedien und der globalen Vervielfältigung ihrer Interaktionsmöglichkeiten in den letzten Dekaden enorm gestiegen.

Da also Handlungssituationen von Subjekten prinzipiell offen und ihre Rahmenbedingungen komplex und veränderlich sind, ist jeder Beratungsprozess mindestens in seiner Steuerung auch Prozessberatung. Oder noch schärfer formuliert: *Nur in der erfolgreichen Selbststeuerung des Klienten im Einzelfall ist auch die Beratung für erfolgreiche Handlungssteuerung erfolgreich.* Nicht die Richtigkeit des Wissens gibt den Ausschlag, sondern, ob es funktioniert und ob ich als Klient damit pragmatisch erfolgreich bin. Ich will ja nicht nur wissen, was ich will, ich will auch mit dem, was ich will, erfolgreich sein. Ich will als Klient nicht nur wissen, wie es für andere gut geklappt hat, ich will auch selbst damit erfolgreich sein. Zusammen mit den Inhalten des Handelns steht damit auch die Handlungssteuerung der Klienten infrage, wie sie sich selbst im Handeln steuern. Dabei ist die Beratungsperson als Expertin für Beratung gefragt; sie ist Expertin dafür, dass und wie die Beratung gelingt. Und im Einzelfall sollte sie auch beurteilen können – dazu braucht es Erfahrung – welche und wie viel Fachexpertise und wie viel Prozesssteuerung benötigt werden, um Klienten in ihrem Handeln erfolgreich zu unterstützen.

Expertenberatung und Prozessberatung

Nach der klassischen Unterscheidung von Edgar Schein in *Expertenberatung* und *Prozessberatung* (vgl. 2003, S. 23 ff.) macht es einen Unterschied für die Beratung, ob direkt an der Selbststeuerung der Klientin angesetzt (Prozessberatung) oder ob die Klientin mit dem für ihre Handlungssteuerung notwendigen Wissen versorgt wird (Expertenberatung). Einige Expertenangebote gehen sogar so weit, Klienten fast vollständig von ihrer Handlungssteuerung zu entlasten: Die Beraterin macht es für den Klienten, wie z. B. bei der Implementierung eines IT-Systems. – Das Mehr oder Weniger der Anteile von Prozess- und Expertenberatung kann als ein Kontinuum beschrieben werden (vgl. Abb. 2.2).

Beratung enthält mehr oder weniger Anteile von Expertenberatung im Sinne einer praxisfeldspezifischen Expertise für das Handeln bzw. die Handlungssteuerung der Klienten oder von Prozessberatung im Sinne der Kompetenz der Beratungspersonen, ihre Klienten in ihrer Selbststeuerung zu unterstützen. Die Unterscheidung ist nicht strikt, sondern kontinuierlich, je nach dem, welches *Anliegen für den Klienten* im Vordergrund steht.

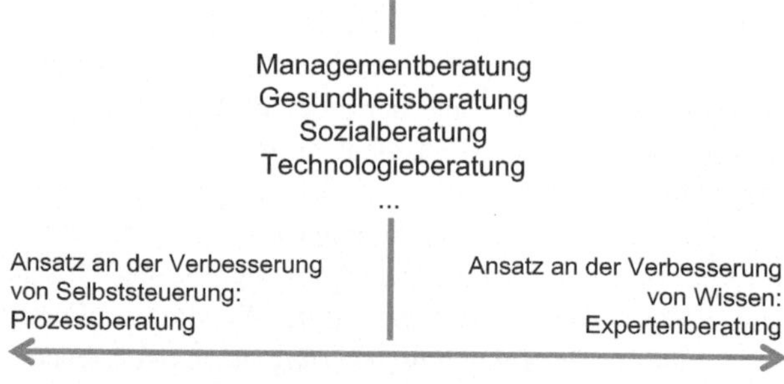

Abb. 2.2 Ansatzpunkt und Formen von Beratung

Das bedeutet für die Praxis: Auch Beratungsformen, die stark auf der Seite Prozessberatung stehen, brauchen eine gewisse Expertise im Handlungsfeld ihrer Klientinnen. Zumindest sollte die Klientin auf von ihr nicht gesehene Risiken ihres Handelns, ihrer Ziele und Vorgehensweisen aufmerksam gemacht werden können. Expertenberatung sollte umgekehrt, um nützlich zu sein, die Selbststeuerung ihrer Klienten zumindest so weit unterstützen, dass eine zu große Abhängigkeit vermieden wird, da diese letztlich den Umsetzungserfolg verhindert. Aus systematischer Sicht ist Expertenberatung auf Prozessberatung angewiesen. Das Angebot von Wissen, Expertise, ist auf den *Handlungserfolg des Klienten* in seiner Handlungssteuerung bezogen. Beratung muss bereitstellen, was eben für ein gelingendes, erfolgreiches Handeln benötigt wird.

Das Modell des Kontinuums beinhaltet die Frage, wie viel Prozess- *und* wie viel Expertenberatung in Bezug auf das Handlungsfeld und letztlich das konkrete Anliegen von Klienten nötig sind. Für konkrete Mandate können Prozess- und Expertenberatung als Rollen von verschiedenen Personen wahrgenommen werden (Komplementärberatung, vgl. Loebbert 2017, S. 166 f.), jedenfalls solange aus dem *und* kein ausschließendes *oder* wird.

2.2   Der Leistungsprozess der Beratung

Beratung als Leistung

Aus kommunikationstheoretischer Sicht ist Beraten selbst ein Handeln, das mit einer Absicht verbunden ist. Ich nenne diese Absicht im allgemeinsten Sinne Erfolg, das bedeutet, beim Handeln sowohl beim Beraten als Handeln als auch bei der Ausführung der darin enthaltenen Absichten erfolgreich zu sein. Aus dieser pragmatischen Sicht ist der Erfolg des Beratens der Erfolg des Klienten mit seinem Anliegen. – Erfolgreich zu sein ist letztlich das Ziel jedes Beratungsprozesses.

Unter einem Prozess verstehen die Wissenschaften eine Bewegung von identifizierbaren Schritten, die einem darstellbaren Muster folgt: ein chemischer Prozess, ein Gerichtsprozess, ein Produktionsprozess, der Prozess des Organisierens. In der Steuerung dieser Prozesse schauen wir auf das Hintereinander von Handlungen, mit denen wir Prozesse organisieren, sogar den Prozess des Organisierens organisieren. Beraten kann aus dieser Sicht als Prozess beschrieben werden. *Beratung verstehen wir als einen Handlungsprozess, der mit der Absicht verbunden ist, erfolgreich zu sein.* Und es gibt Beratung, die das nicht leistet, schlechte Beratung, wenn ich als Beraterin im Ergebnis z. B. etwas will, das nicht funktioniert, einen untauglichen Weg einschlage, unerwünschte Wirkungen und Nebenwirkungen produziere.

Die Leistung der Beratung ist es, für Klienten Erfahrungen (von Interventionen) zur Verfügung zu stellen, die einen wahrnehmbaren Unterschied für ihren Handlungserfolg ausmachen. Das kann die richtige Information sein zur richtigen Zeit. Oder es kann eine Intervention zur Veränderung der Prozesssteuerung sein, welche der Klientin ermöglicht, ihre Handlungsabsicht zu formulieren und zu realisieren.

Beraten verstehe ich deshalb als einen Leistungsprozess, der ein Ergebnis hervorbringt. Beraten, Rat geben, jemandem etwas raten – es geht um Ergebnisse in der wirklichen Welt. Das gelingt mehr oder weniger gut. Erfolgreiche Beratung hat mit der Leistung der Beratungsperson zu tun, diesen Prozess so zu steuern, dass er von der beratenen Person als nützlich erlebt wird. Und das kann auch schlechter gelingen, wenn die beratene Person vielleicht gar nicht bereit war für eine Beratung bzw. ein anderes Anliegen hat, als sie ursprünglich behauptet hatte (das Anliegen „hinter" dem Anliegen). Und dann wäre es wieder die Verantwortung der Beratungsperson, das zu klären bzw. einen neuen Kontrakt für diese Klärung vorzuschlagen.

Prozessbeschreibung für Beratung

Beratung und Beraten werden folglich 1) als professionelle Dienstleistung 2) bezogen auf die Verwirklichung konkreter Anliegen im Handlungsfeld von Klientinnen 3) im Kontinuum von Prozess- und Expertenberatung selbst als ein Leistungsprozess konzipiert. Gordon und Ronald Lippitt (2006) und Peter Block (1997) haben dies schon früher dargestellt. Ausgangspunkt des Konzepts sind *Beobachtungen und Erfahrungen von Beraterinnen als Beschreibung einer Best Practice:* Darin wird Beratung als Prozess systematisch aufeinanderfolgender Phasen dargestellt. Verbunden damit ist eine *normative Setzung:* Diese Phasen *sollte* Beratung steuern, um erfolgreich zu sein (vgl. den nächsten Abschnitt zu den kritischen Erfolgsfaktoren). Die Prozessmodelle unterschiedlicher Autoren und Praxisansätze von Beratungsfirmen ähneln sich darin weitgehend.

Der Theoriebildung von Beratung wie z. B. bei Fritz B. Simon (2014) oder Arist von Schlippe und Jochen Schweitzer (1996) liegt ein gemeinsames systemtheoretisches Verständnis von *Beratung als Interaktion* von mindestens zwei Parteien, Beraterin und Klientin, zugrunde. Für gute oder auch weniger gute Beratung sind zwei vonnöten. Das Beraten bzw. Beratungshandeln der Beratungsperson bezieht sich immer auf den Parallelprozess eines Klienten, der die Aktivität der Beratungsperson für sich nutzen kann bzw. eine eigene Aktivität hervorbringt, Interventionen und Impulse der Beratungsperson in seinen eigenen Handlungskontext einzubauen.

Die Steuerungsverantwortung der Beratungsperson vorausgesetzt, wird Beratung als Interaktionsprozess konzipiert. Beraten ist selbst ein Leistungsprozess aufeinanderfolgender und miteinander logisch verbundener Phasen. Aus der gewählten pragmatischen Perspektive beschreibt das Konzept des *Beratungsprozesses und seiner Phasen* die spezifische *Leistung* der Beratungsperson und ihrer Klienten. Die Leistung ist, was durch Handeln geschieht. Der Leistungsprozess ist der Weg, auf dem das geschieht. In der Abb. 2.3 sind im Innenkreis die Steuerung der Beraterin, im äußeren Kreis die Aktivität des Klienten in ihrem interaktiven Zusammenhang dargestellt.

Beratung als asymmetrische Interaktion (vgl. Abb. 2.3) geht von der Steuerung und Leistung der Beratungsperson aus. Die Leistung des Klienten ist als Parallelprozess (Ko-Kreation) darauf bezogen.

Abb. 2.3   Der Leistungsprozess der Beratung

1. *Kontakthandlungen oder -interventionen* der Beratungsperson beabsichtigen, mit möglichen Interessierten und Nutzerinnen von Beratung in eine konkrete Beratungsbeziehung zu kommen. Darunter können sowohl interne und externe Marketingaktivitäten verstanden werden als auch die Kontaktgestaltung für eine konkrete Beratungsbeziehung. Der Kontakt unterstützt die Klientin dabei, die für ihr Anliegen passende Beratung und Beratungsperson auszuwählen und sich auf eine Beratungsbeziehung einzulassen.

2. *Kontraktinterventionen* von der Ausgestaltung schriftlicher Verträge bis zur Klärung der Ziele in einer konkreten Beratungssequenz unterstützen Klienten und ihre Interessengruppen wie Auftraggeber und Kooperationspartnerinnen bei der Fassung ihrer eigenen *Handlungs- und Leistungsziele:* Was hätten Sie erreicht, wenn diese Beratung für Sie erfolgreich gewesen wäre?

3. *Hypothesen oder auch Analysen und Diagnosen* explorieren den Handlungsraum des Klienten. Was sind im Rahmen seiner Ziele und seiner Situation seine *Handlungsmöglichkeiten?* Was sind die Einschränkungen und Risiken für das Handeln des Klienten? – Hypothesen sind letztlich mit der *Vorstellung von Interventionen* der Beratungsperson verbunden: Was kann dem Klienten angeboten werden, damit er sein Anliegen erfolgreich verwirklichen kann?

4. *Intervention* im eminenten Sinn[1] als Prozessphase ist aus systemtheoretischer Sicht ein Angebot für den Klienten, bisherige Vorstellungen und Handlungsmuster, die nicht zum Erfolg geführt haben, zu ändern. Es geht um die Veränderung von Mustern des Handelns, Denkens und Fühlens (vgl. Schiersmann und Thiel 2012, 2018). Der Klient erlebt eine *Innovation,* das ist eine Neuerung, die eine wirkliche Verbesserung darstellt. Eine neue Perspektive, sei es ein neues Wissen – Expertenberatung – oder ein Impuls zur Veränderung seiner Selbststeuerung (vgl. Kannnicht und Schmid 2015) – Prozessberatung.

5. *Evaluation* als Prozessschritt bezieht sich im engeren Sinne auf die Sicherung und nachhaltige Festigung von Resultaten der Beratung im Handeln der Klienten. Im weiteren Sinne wird auch das soziale System, die Interessengruppen wie Auftraggeber oder die Kolleginnen des Klienten, miteinbezogen *(stakeholder centered evaluation).* Evaluation beschreibt den Abschluss eines Beratungsprozesses von der Kosten-Nutzen-Aufstellung bis zur Rechnung.

---

[1]Diese Doppeldeutigkeit des Begriffs *Intervention:* 1) Intervention ist alles, was die Beratungsperson tut, und 2) Intervention im eminenten Sinne, also die Beratungsintervention als Angebot für eine Musteränderung bzw. Innovation, konnte ich bisher nicht vermeiden. Allerdings bin ich zuversichtlich, dass weitere Forschung zum *Erleben bedeutsamer Momente in der Beratung* diese Unterscheidung stützen wird.

Diese Prozessbeschreibung von Beratung kann *fraktal* sowohl auf umfängliche Beratungsprozesse wie auf kleine Beratungssequenzen gelegt werden – wie im Kleinen so im Großen und umgekehrt. Beraterinnen nutzen sie für die Steuerung von Beratung als professionelle Dienstleistung für die Anliegen ihrer Klientinnen mit ihren jeweiligen Formen und Ansätzen – mehr Prozessberatung oder mehr Expertenberatung im jeweiligen Handlungsfeld. In der Praxis differenzieren sich aus der Prozessgestaltung spezifische Beratungsleistungen insbesondere für Analysen und Diagnosen, z. B. psychologische Tests, diagnostische Verfahren und betriebswirtschaftliche Analysen. Zunehmend bedeutsam sind spezifische Beratungsangebote für die Evaluation von Beratung, insbesondere für Beratungsprogramme von sozialen Organisationen und Wirtschaftsunternehmen.

2.3 Kritische Erfolgsfaktoren für Beratung

Erfolgsfaktor ist ein handlungstheoretisches Konzept. Was sind die Faktoren dafür, dass Handeln erfolgreich ist? Der Plural ist darin mitgedacht. *Erfolgsfaktoren* für Beratung sind Merkmale von Beratungshandeln, Handeln der Beratungsperson, welche von Beratungsklienten für ihre Handlungssteuerung genutzt werden können, seien es Prozessinterventionen zur Unterstützung ihrer Selbststeuerung oder Experteninterventionen als konkretes Handlungswissen.

Das Konzept der *kritischen Erfolgsfaktoren* (vgl. Loebbert 2018) verbindet eine empirische und eine normative Perspektive. Was muss notwendigerweise erfüllt sein, damit Beratungshandeln gelingt und erfolgreich, für den Klienten eine wirkliche Unterstützung ist? – Die Beobachtung von Best Practice ist der Ausgangspunkt systematischer Theoriebildung: Was sind Merkmale erfolgreichen Beratungshandelns, die über Branchen und individuelle Unternehmen hinweg Bestand haben? Das beinhaltet die Konzipierung von Beratung als einem bestimmten Handlungs- und Leistungsprozess systematisch miteinander verbundener Handlungsschritte (vgl. Abb. 2.3 oben).

Als *kritische* Erfolgsfaktoren von Beratung sind die Prozessschritte in jeder Beratung *notwendig*. Das Fehlen oder Misslingen einer Prozessphase würde eine Voraussage auf den Misserfolg erlauben. Evidenz bezieht dieses theoretische Modell (vgl. Loebbert 2017, S. 38–44) aus dem Vergleich der Beschreibung von Beratungsprozessen durch erfahrene Beraterinnen in den letzten 50 Jahren und dem systematisch-theoretischen Zusammenhang der Prozessschritte als Erfolgsbedingungen für Beratung (vgl. ebenda): ohne Kontakt gibt es keinen haltbaren Kontrakt, ohne Kontrakt keine passenden Hypothesen, ohne Hypothese keine erfolgreichen Interventionen und ohne Intervention keine sinnvolle Evaluation für Resultate. Gelingt es z. B. nicht, im *Kontakt* Merkmale wie Vertrauen in die Kompetenz und Zugewandtheit der Beratungsperson für ihre Klienten zu realisieren (Beratungsbeziehung), fehlt dem folgenden *Kontrakt* die Verbindlichkeit der Zusammenarbeit. Ziele werden zwar formal vereinbart, haben aber für die konkrete Handlungssteuerung des Klienten wenig Zugkraft. *Hypothesen* in der Beratung beziehen sich auf den möglichen Nutzen von Interventionen als Angebote für eine verbesserte Handlungssteuerung durch ihre Klientinnen für deren Vorhaben und Ziele. Ohne die Rahmung durch einen Kontrakt und die Ziele des Klienten bleiben Hypothesen vielleicht interessant, aber sind weitgehend nutzlos für die Handlungssteuerung. Beraterinnen sprechen dann von „Paralyse durch Analyse", wenn kostbare Zeit durch Analysen verschwendet und der Moment des Handelns verpasst wird. Auch wenn *Interventionen* in der Realität von der Beratungsperson vielleicht weitgehend intuitiv gesteuert werden, bleiben sie doch mit Hypothesen über ihren Nutzen verbunden. Ohne die Verbindung mit Hypothesen der Beratungsperson sind Interventionen, die zu einer wirklichen Innovation der Handlungssteuerung der Klienten beitragen, Zufallstreffer. Prozessinterventionen machen für den Klienten keinen Unterschied, Informationen sind uninteressant. Manches kann nützlich verwendet werden, anderes nicht. *Evaluation* im Coachingprozess ist die dem Prozess inneliegende Bewertung der Verbesserung in der Praxis des Klienten. Ohne den Bezug auf Interventionen kann sie nicht vorgenommen werden. Wie nützlich und zielführend waren die Interventionen aus Sicht des Klienten? Es geht um Resultate der Beratung in der Welt der Klienten: Konnte der Klient die von ihm ins Auge gefassten Ziele (Kontrakt) erreichen? Inwiefern sind gegebenenfalls die Ziele der anderen Interessengruppen der Beratung erreicht?

In der systematisch gefassten Abfolge sind diese Schritte *kritische Erfolgsfaktoren* füreinander und damit für das Gelingen eines Beratungsprozesses. Ohne den *Kontakt* mit den spezifischen Beratungsmerkmalen (Wertschätzung, Ressourcenorientierung etc.) kann kein *Beratungskontrakt* über Handlungssteuerung, Leistung, Kohärenz der Klientin geschlossen werden. Ohne die Rahmung in einem Beratungskontrakt (und seinem organisationalen Kontext) laufen *Beratungshypothesen* der Beratungsperson ins Leere. Und ohne die Intention, mit spezifischen *Interventionen* einen innovativen Beitrag für eine erfolgreiche Handlungssteuerung der Klientin zu leisten, sind Interventionen höchstens zufällig geeignet, für sie eine Verbesserung zu ermöglichen. Ohne die *Evaluation* des Prozesses erreicht die Klientin keine systematischen Resultate als Verbesserungen für ihren Handlungserfolg in ihrer wirklichen Welt. – Qualitativ gute Beratung unterscheidet sich von weniger guter Beratung dadurch, dass es ihr tatsächlich gelungen ist, die aus der Einschätzung der Beteiligten möglichen Verbesserungen zu erreichen, sodass die im Kontrakt gerahmte Dienstleistung ihr Geld wert war. Die Klientin hat das erste und das letzte Wort.

In Wirklichkeit folgen die Prozessschritte oft nicht chronologisch aufeinander. Die Beraterin muss vielleicht „springen", und zwar immer zum letzten Schritt, der funktioniert hat. Kontakt muss immer wieder hergestellt werden, Kontrakt im Fortlauf neu vereinbart, Hypothesen revidiert, Interventionen angepasst und die Evaluation neu gefasst werden.

Die Realisierung der Prozessschritte als *kritische Erfolgsfaktoren* ist nicht abschließend von außen beobachtbar. Sie bleibt letztlich subjektiv, auch wenn Wahrnehmungsdaten aus teilnehmender Beobachtung oder Videoanalyse darauf bezogen werden können. Oft wird die Art ihrer Realisierung erst im Rückblick, in der Evaluation, mit konkreten Beobachtungen verbunden. So riskiert die Beraterin gelegentlich eine Unterbrechung des Kontaktes zugunsten der Zumutung einer Intervention, welche erst nach dem Ablauf einer Beratungssequenz genutzt werden kann, wenn der Klient noch einmal auf die Beratungsbeziehung zurück kommt. Oder die Beraterin beurteilt den geschlossenen Kontrakt längst als nicht mehr zielführend, verzichtet aber darauf, dieses kenntlich zu machen, um dem Klienten die Gelegenheit zu geben, seine Selbstverantwortung besser wahrzunehmen. – Ähnliches gilt, wenn ein Beratungsprozess unbefriedigend verlaufen und nicht gelungen ist.

Es geht um die Handlungssteuerung der Beratungsperson. Kritische Erfolgsfaktoren beschreiben Merkmale, die *notwendig* erfüllt sein müssen, damit Beratung als Interaktion gelingen kann und Klientinnen in ihrem Handlungserfolg unterstützt. Sie geben damit den Rahmen für das Verständnis und die Beobachtung von Beratungsprozessen.

Beratung ist darin kein zufälliger Zusammenhang von Handlungen, sondern eine systematische Abfolge notwendiger Handlungsschritte, um Nutzen für Klientinnen (Resultate) zu stiften. Mit dieser theoretischen Rahmung können die Prozessphasen bzw. der Durchlauf der Prozessphasen als kritische Erfolgsfaktoren füreinander beschrieben werden. Ihre konkrete Realisierung in den Beratungsprozessen Kontakt – Kontrakt – Hypothese – Intervention – Evaluation ist ein kritischer Faktor für den Beratungserfolg, der darin besteht, der Klientin eine entsprechende Prozesssteuerung zur Verfügung zu stellen, die deren Handlungssteuerung wirklich verbessert.

2.4 Wirkfaktoren für erfolgreiche Beratung

Wirkfaktoren beschreiben Hypothesen über den Zusammenhang konkreten Beratungshandelns und seiner Nützlichkeit für Klientinnen. Beratungshandeln meint hier sowohl das Verhalten von Beratungspersonen, das auch von außen Stehenden beobachtet werden kann, als auch ihre Gefühle, Einstellungen und Haltungen. Insbesondere auch die inneren Vorgänge der Beratungsperson, was sie fühlt und denkt, scheinen einen Einfluss auf die Wirkung von Beratung zu haben. Es macht einen Unterschied für die Klientin, ob die Beraterin eine positive Vorstellung vom Handlungserfolg ihrer Klientin entwickelt oder nicht (Kontakt).

Wirkfaktoren sind aus der Beratungspraxis gewonnen und teilweise auch empirisch überprüft. Forschungsergebnisse aus der Psychologie und Psychotherapie sowie der Soziologie (Wirkungsforschung) fließen ein. Eine empirische Validierung und Zusammenfassung, wie sie Klaus Grawe für die Psychotherapie (vgl. 2005) geleistet hat, steht allerdings noch aus. Seine beschreibende Zusammenfassung von Wirkfaktoren kann aber auch für die Steuerung von Coaching (vgl. Greif et al. 2012) und damit für Beratung gut genutzt werden. Sie lassen sich den kritischen Erfolgsfaktoren folgendermaßen zuordnen: 1) *Beziehung* im Kontakt, 2) *Ressourcenaktivierung* und *Zielklärung* im Kontrakt, 3) *Themenaktualisierung* in der Hypothese, 4) *Bewältigung* für Intervention und 5) *Prozesssteuerung* für die Evaluationsphase.

Im Zusammenhang der übergreifenden Prozesssteuerung werden sie als *hinreichende Bedingungen* für das Gelingen der jeweiligen Prozessphase gedacht. Z. B. kann Beratung durchaus auch gelingen, wenn sich der Berater keine positive Vorstellung von seinem Klienten erarbeitet, jedenfalls solange sich der Klient selbst in der Beratungsbeziehung sicher genug fühlt.

Im Fokus steht aber pragmatisch die *Verbesserung der Prozesssteuerung* der Beratungsperson. Im Folgenden wird beschrieben, wie Beratungshandeln wirksam wird. Was haben Beraterinnen getan, wenn die Beratung als nützlich erlebt wurde? Für die Beobachtung und Reflexion von Beratung wird eine beispielhafte Auswahl möglicher Fragen vorgestellt. So können die Wirkfaktoren den *kritischen Erfolgsfaktoren* zugeordnet werden. Formulieren die Wirkfaktoren die hinreichenden Bedingungen, sind die kritischen Erfolgsfaktoren die notwendigen Bedingungen gelingender Beratung.

Kontakt
Die Klientin hat eine deutliche Vermutung oder auch das Gefühl, dass sie in einer Zusammenarbeit mit der Beratungsperson ihre Handlungssteuerung verbessern

kann (*Beziehung*, vgl. Abb. 2.3 oben). Gegebenenfalls geht es um die Erlangung von passenden fachlichen Informationen (Expertenberatung) und um passende Impulse zur Verbesserung der Selbststeuerung (Prozessberatung). Wichtige Interventionen zur Kontaktgestaltung sind das Zutrauen der Beratungsperson in den Erfolg der Klientin, die Wertschätzung des schon Erreichten, Aktives Zuhören, *pacing* im Nachvollzug der Handlungsvorstellungen der Klientin. Die Beratungsperson mit ihrem Leistungsangebot und ihren Leistungsmöglichkeiten ist für die beteiligten Interessengruppen erkennbar. Ein möglicher Nutzen der Zusammenarbeit kann antizipiert werden.

- Wie gut, wertschätzend und ressourcenorientiert ist der Beratungskontakt gelungen?
- Haben die Beteiligten (Klientin, Berater, Auftraggebende etc.) eine inhaltliche Vorstellung vom Einsatz und der Möglichkeit der Beratung gewonnen?
- Wie viel Vertrauen hat die Klientin, hat das Kundensystem in die Leistungsfähigkeit des Beraters gefasst? Woran merken Sie das?
- Wie gut und verlässlich war der Berater in seiner Prozesssteuerung wahrnehmbar? Welche Interventionen waren dafür besonders wirksam?
- Wie ist es dem Berater gelungen, immer wieder auf Beratung als partnerschaftliche Dienstleistung auf Augenhöhe zu verweisen?
- Wann, an welchen Stellen des Prozesses, ist der Kontakt vielleicht gebrochen? Und wie ist es dem Berater gelungen, den Kontakt zu halten und immer wieder neu zu gewinnen?
- …

Kontrakt

Die direkte Klientin hat in Abstimmung mit ihren Stakeholdern eine Vorstellung darüber entwickelt, was sie von der Beratung in Bezug auf eine Verbesserung ihrer Handlungssteuerung, ihre Handlungsspielräume und ihren Handlungserfolg erwarten kann. Sie hat eine realistische Vorstellung davon, welche Expertise sie von der Beratungsperson erwarten kann und auch welche nicht. Es ist ihr gelungen, ihr Anliegen zu formulieren und mit ihren Leistungszielen im Rahmen der Beratung realistisch zu verbinden (*Zielklärung und Ressourcenaktivierung*).

- Wie gut konnte die Klientin ihr Anliegen formulieren? Wie wurden Merkmale der Selbststeuerung, Leistung und Kongruenz darin realisiert?
- Was waren die Ziele der Beratung aus der Sicht der Beraterin und aus der Sicht der Klientin? Mit welchen anderen Beteiligten (Stakeholder) wurde was vereinbart?

- Wie gut ist es der Beratungsperson gelungen, Ziele und Vorstellungen der Klientin positiv und attraktiv aufzuladen?
- Wie wurden die Vereinbarungen im Dreieck untereinander (Kontraktdreieck) getroffen? Welche Handlungsspielräume ergaben sich daraus für die direkte Klientin in der Beratung?
- Welche expliziten und welche impliziten Ziele und Vereinbarungen gab es?
- Was wurde vielleicht nicht angesprochen? Wie kann das in die Vorstellung des Beratungsprozesses integriert werden?
- Wie kohärent waren die Handlungsziele untereinander, mit der Person der Klientin und dem organisationalen Kontext?
- Wie wurde gegebenenfalls der Kontrakt weiter entwickelt und geführt?
- …

Hypothese

Das ist die implizite oder explizite Hypothese der Beraterin, was dem Klienten in dieser Situation, im erreichten Fortschritt des Beratungsprozesses am besten weiterhilft. Was unterstützt ihn in der weiteren Exploration seines Anliegens, seiner Fragestellung *(Themenaktualisierung)?* Der Klient denkt nach, fantasiert, entwickelt eigene Vorstellungen. Betriebswirtschaftliche Analysen beschreiben Stärken und Schwächen der organisationalen Situation. Es werden Diagnostik, psychologische und organisationssoziologische Hypothesen darüber entwickelt, was den Handlungserfolg bisher verhindert hat und was deshalb getan werden kann. Entscheidend ist, dass der Klient ein eigenes Verständnis dessen ausbildet, was seinen Handlungserfolg warum verhindert und wie er zu erreichen wäre. Pragmatisch sollten Analysen und Hypothesen mit möglichen Interventionen verbunden werden können. Das gibt das Maß vor, in welchem Umfang oder in welcher Tiefe dieser Beratungsschritt ausgeführt werden sollte.

- Welche analytischen und diagnostischen Fragen oder Werkzeuge wurden eingesetzt?
- Auf welche Wirkungszusammenhänge hat die Beraterin Bezug genommen?
- Wie konnten diese von dem Klienten zur Exploration seiner Handlungsmöglichkeiten genutzt werden?
- Welche Hypothesen zur Situation des Klienten und seiner Handlungsmöglichkeiten haben die Beraterin geleitet?
- Welche waren explizit? Welche blieben unausgesprochen?
- …

Intervention

Interventionen, die im eminenten Sinne zu einer Innovation führen, sind absichtsvolle Handlungen der Beratungsperson: sprachliche Äußerungen, methodische Abläufe, der Ausdruck von Gefühlen oder der passende Experteninput. Sie unterstützen die Klientin bei der Entwicklung neuer Sichtweisen, neuer Gefühle, einer neuen Handlungsplanung, die im Rahmen ihres Anliegens zu Innovationen, Verbesserungen, funktionalen Musteränderungen führen – Prozessberatung und Expertenberatung im jeweiligen Handlungsfeld. Welche Interventionen haben die Klientin bei ihrer Musteränderung, Gewinnung neuer nützlicher Perspektiven für ihr Anliegen unterstützt? – *Bewältigung* als Wirkfaktor.

- Welche Interventionen wurden der Klientin in ihrem Handlungskalkül bedeutsam? Was ist davon besonders gut gelungen?
- Wie hoch schätzt die Klientin die Bedeutsamkeit der erreichten Innovation für ihr Handeln ein?
- In welchem Verhältnis standen prozessorientierte und informierende Interventionen für die Selbststeuerung und die inhaltliche Handlungssteuerung der Klientin?
- Welche Information machte für die Klientin einen wirklichen Unterschied?
- Wie gut ist es der Beratungsperson gelungen, ihre Interventionen auch in nützlicher Zeit (Kosten-Nutzen-Verhätnis) zur Verfügung zu stellen?
- …

Evaluation

Die Evaluation umfasst Handlungen der Beraterin, welche den Klienten dabei unterstützen, Resultate in seiner wirklichen Welt zu erreichen und umzusetzen. Die Unterscheidung von guter und schlechter Beratung wird hier mitgedacht: Erfolgreiche Beratung ist gute Beratung *(Prozesssteuerung)*. Evaluation geschieht in der Einschätzung der Zielerreichung durch die direkte Klientin (Ergebnis- und Prozessevaluation). Umfängliche Evaluation des Beratungsprozesses wird aus den unterschiedlichen Perspektiven der wichtigsten Stakeholder gleistet.

- Was hat den Klienten dabei unterstützt, die erreichten Resultate wahrzunehmen und wertschätzen zu können?
- Was unterstützt den Klienten, diese in seiner Praxis umzusetzen und handlungswirksam werden zu lassen?
- Wie wird die Zielerreichung und Nachhaltigkeit des Beratungsprozesses von seinen Stakeholdern eingeschätzt?

- Können die aufgewendeten Mittel Zeit und Geld in Bezug auf einen geschätzten Wertbeitrag positiv gerechnet werden?
- Welche anderen Vorstellungen über mögliche Ergebnisse konnten im Klientensystem getroffen werden?
- Mit wie positiver und offener Stimmung konnte der offizielle Beratungsprozess von den Beteiligten abgeschlossen werden?
- …

Die Beschreibung der Prozessschritte als kritische Erfolgsfaktoren mit daran anschließenden Beobachtungs- und Beurteilungsfragen zu möglichen Wirkfaktoren lässt sich weiter ausführen und systematisieren. Ein umfassender Überblick von für Beratung relevanten Forschungsergebnissen fehlt bisher. Die Fragen zu möglichen Wirkfaktoren sind daher etwas aufgesammelt. Immerhin kann die Aufstellung oben einen Überblick über sehr wahrscheinlich relevante Wirkungszusammenhänge für das Handeln der Beratungsperson geben. Mit der Kenntnis und Beobachtung für Beratung relevanter Wirkfaktoren sollte es der Beratungsperson (besser) gelingen, die kritischen Erfolgsfaktoren des Beratungsprozesses zu steuern.

2.5   Das Verhältnis von Coaching und Beratung

Coaching als Beratung
In gewissem Unterschied zur Beratung für Organisationsentwicklung (Prozessberatung für Organisationen) wird *Selbststeuerung* im Coaching persönlich adressiert. Organisationale Prozessberatung (Organisationsentwicklung) setzt am Einbezug der Betroffenen an, individuelle Prozessberatung (Coaching) am Subjekt des Handelns und seiner Selbststeuerung. – Aus handlungstheoretischer Sicht allerdings, welche die Person als Subjekt von Handeln beschreibt, geht Organisationsentwicklung im Coaching auf: *Selbststeuerung* wird immer von Personen ausgeübt. Prozessberatung unterstützt also Personen in der erfolgreichen Steuerung ihrer Organisationen.

Prozessberatung kann aus dieser Sicht mit *Coaching* gleichgesetzt werden. *Coaching wird als Prozessberatung verstanden, welche die Verbesserung der Selbststeuerung von Personen als Ziel hat* (vgl. Loebbert und Wilmes 2013).

Dabei geht es um die Leistung und die Verbesserung der Leistung von Personen. Im Unterschied zu Beratungsformen, die mehr Expertenberatung zur Verfügung stellen, ist im Coaching vorrangig die Verbesserung der Selbststeuerung beim Handeln das Ziel. Wissen und Expertise im Handlungsfeld des

Klienten – Know-how und *how to* – spielen am Rande eine Rolle. Zumindest sollten Klienten davor geschützt werden, zu viel Kraft in Vorhaben zu investieren, die aller Erfahrung nach unmöglich zu erreichen sind. Die spezifische Expertise im Handlungsfeld des Klienten als *sektorale Handlungstheorie* (vgl. Loebbert 2017, S. 62) wird in der Regel eher von Expertenberaterinnen zur Verfügung gestellt und entwickelt.

Coachinginterventionen im Beratungsprozess

Den Interventionen im Coaching liegt ein systemtheoretisches Verständnis menschlicher Kommunikation und Interaktion zugrunde: Interventionen sind darin immer *Angebote zur Verbesserung*. D. h., sie sind nicht nur mit der Hypothese verbunden, Klienten damit ein passendes Angebot zu machen, sondern Interventionen können von Klienten überprüft und auch abgelehnt werden. Coachinginterventionen sind mit dieser *Haltung* (vgl. Erpenbeck 2017) verbunden. Die ganze Kunst der coachenden Person besteht darin, ihren Klienten letztlich solche Interventionen anzubieten, die sie für eine *Innovation* und Verbesserung der Selbststeuerung in Bezug auf ihr konkretes Handlungsvorhaben nutzen können. Das ist das Gleiche in den Formaten von Coaching für Führungsaufgaben oder im Sport, in der Supervision oder auch in den unterschiedlichen Formaten für Einzelpersonen, Gruppen, Teams und ganze Organisationen.

Kann der Klient eine Intervention für sich nutzen und eine Verbesserung seiner Selbststeuerung erreichen, ist das aus systemtheoretischer Sicht mit einer passenden *Veränderung seiner bisher gelernten Denk-, Fühl- und Handlungsmuster* verbunden. Muster beschreiben den Zusammenhang von Merkmalen bestimmter Gefühle, Gedanken und Verhaltensweisen, die in Bezug auf ein bestimmtes Handeln miteinander verbunden sind. In der Regel waren diese bisher durchaus nützlich und haben uns immerhin dahin gebracht, wo wir gerade stehen, an den Punkt, den wir schon erreicht haben. Nur ist es gerade das nächste Vorhaben, die nächste Herausforderung, für die genau dieses Muster, diese Vorgehensweise mit den damit verbundenen Gedanken (Wissen) und Gefühlen nicht mehr nützlich ist.

So kann es z. B. bisher durchaus nützlich gewesen sein, in Problemen zu denken und diese in Angriff zu nehmen und Schritt für Schritt einer Lösung zuzuführen. Für Menschen, die sich von der Macht ihrer Probleme wie überwältigt fühlen und sich bei ihrem Nachdenken und Fühlen im Kreise drehen, ist die Vorstellung eines linearen Vorgehens nicht geeignet. Der amerikanische Psychotherapeut Steve de Shazer hat dafür eine Methode entwickelt, die den normalen Prozess des Problemlösens sozusagen von hinten her angeht: Stell dir vor, dein Problem wäre über Nacht gelöst. Du weißt aber nichts davon. Welche Verhaltensweisen, Gedanken und Gefühle, würden du und andere Personen an dir bemerken. Über was wären diese vielleicht überrascht? Was wäre vielleicht sogar erstaunlich? Was noch? – Mit dieser *Wunderfrage* fantasiert sich die Klientin in ihren Lösungszustand. Von da aus können dann konkrete Schritte erarbeitet werden: Wann hast du schon mal Ähnliches erlebt (ein bisschen Wunder)? Wenn du dir deine Situation zum jetzigen Zeitpunkt auf einer Skala von 1 bis 10 vorstellst, wie würdest du sie bewerten? Welche Maßnahme, welche Handlung würde dich gegebenenfalls um vielleicht nur um 0,5 Punkte voranbringen? Was könnten noch weitere Handlungsschritte sein? Welches persönliche Ziel würdest du damit formulieren, das für dich auch in einer Welt ohne Wunder erreichbar wäre? – Die *Wunderfrage* irritiert oder stört unsere alltäglichen Vorstellungen von Problemen und ihren möglichen Lösungen (unsere Muster) derart, dass wirklich Neues möglich wird. Wir lernen den Zeitstrahl umzudrehen und neue Vorstellungen zu entwickeln, die unsere Auseinandersetzung mit einem Problem wirklich verbessern kann.

Die Beraterin leitet dabei die Annahme oder Hypothese, dass Klientinnen für die erfolgreiche Steuerung ihres Handelns oft schon die Ressourcen in sich tragen. Aufgabe der coachenden Person ist es, ihre Klientinnen dabei zu unterstützen, *Zugang zu ihren Ressourcen und Potenzialen* zu gewinnen: Welche Vorgehensweisen haben sich schon in einer ähnlichen Situation für dich bewährt? Wer könnte dir noch dabei helfen? Welche deiner Fähigkeiten und Kompetenzen würde dich in deiner Herausforderung besonders unterstützen? Was könntest du jetzt mit relativ geringem Aufwand tun und entwickeln, was dir zumindest ein kleines Stück weiterhilft? – Neben der mit dieser *Orientierung an den Ressourcen* der Klienten ausgedrückten Wertschätzung für das schon Erreichte steigen auch die Chancen für realistische Erwartungen und das konkrete Erreichen von Zielen.

Fragen sind zentrale Interventionen im Coaching. Besser als jede Aussage oder Behauptung sprechen sie die Selbststeuerung von Klienten an. Sie unterstützen den Klienten dabei, eine neue Sicht zu entwickeln oder eine neue Perspektive einzunehmen, welche zu einer verbesserten Handlungssteuerung führt. Nicht die Neugier der Beraterin, sondern ihr Wunsch, zu unterstützen, leitet! Die Beraterin verbindet mit ihren Fragen Offenheit („Was wäre wenn …?"), die Exploration neuer Möglichkeiten und Perspektiven („Was würde deine Kollegin, dein Chef etc. von dir denken, wie würden sie dich wahrnehmen …?"), sucht neue Richtungen („… und aus der Perspektive Deiner Büropflanze …"). Fragen können die Reflexion anregen, konkretisieren oder vielleicht auch mal gezielt Verwirrung (paradoxe Fragen) stiften. Dabei unterstützen offene besser als geschlossene Fragen, Fragen aus der Perspektive des Kontexts (systemische Fragen) besser als bloß aus der Klientenperspektive, Fragen zur Zukunft besser als Fragen über die Vergangenheit.

Coachingmethoden und -interventionen sind vielfach in sogenannten Toolbüchern publiziert. Sie bieten Anregungen und Erfahrungen über bewährte Vorgehensweisen. Ein *Tool* in der Beratung meint nichts anderes. Vielfach wurden diese Tools aus der Beobachtung von erfolgreichen Coachingprozessen aufgeschrieben. Insbesondere für Anfänger in der Beratung (wir bleiben natürlich zeitlebens Anfänger) bieten diese Tools eine erste und schnelle Orientierung. Beraterische Kompetenz und Urteilskraft entwickeln wir nur, indem wir beraten (Handlungslernen), d. h. auch, immer wieder Neues ausprobieren, was Klienten im Einzelfall unterstützt. Viele Berater haben, abhängig von den Formaten, in denen sie arbeiten, ihre eigene *Toolbox* mit Vorgehensweisen, die sich für sie in ihrem Praxisfeld bewährt haben.

Beratung als Coaching
Die Steuerung des Beratungsprozesses durch die Beraterin ist selbst eine Intervention. Gelingende Beratungen halten die Abfolge der notwendigen Prozessschritte als kritische Erfolgsfaktoren ein. Die Beratungsperson stellt ihre Steuerung als Intervention zur Verfügung. Auf dem Kontinuum von Prozess- und Expertenberatung kann diese Intervention, nämlich die Steuerung des Beratungsprozesses, als Prozessberatung bzw. als Coaching, als Unterstützung des Klienten in seinem Selbststeuerungsprozess bestimmt werden.

Die Innovation der Handlungssteuerung, sei es durch eine veränderte Selbststeuerung oder durch verändertes Wissen und Können, kann in der Beratung nur erreicht werden, wenn sich die Klientin auf den von der Beratungsperson vorgegebenen Prozess einlässt. In der Interaktion mit Beratungspersonen verändert die Klientin ihre Selbststeuerung, um eine verbesserte Handlungssteuerung zu erreichen. Die Prozesssteuerung durch die Beratungsperson ist in diesem Sinne eine *Coachingintervention.* Gelingende und erfolgreiche Beratung realisiert die Prozesssteuerung der Beraterin als Coaching im Beratungsprozess. Coaching ist deshalb der rote Faden für erfolgreiche Beratung überhaupt.

Im Vergleich zu einer am Expertenmodell ausgerichteten Auffassung von Beratung bedeutet der Einbezug von Coaching eine Innovation. Die Steuerung von Beratung durch die Beratungsperson (Prozesssteuerung) im Verhältnis der Selbststeuerung der Klientin für ihren Handlungserfolg wird in den Mittelpunkt gestellt. *Für ein traditionelles Verständnis von Beratung bedeutet Coaching eine Innovation.*

Diese Reformation des Beratungsverständnisses verändert die Vorstellungen über Methoden und Kompetenzen von Beraterinnen: Beratung, die von der Klientin nicht zur Verbesserung ihrer Handlungssteuerung genutzt werden kann, sowohl der inhaltlichen Steuerung als auch Selbststeuerung, bringt keinen Mehrwert.

Beraterinnen brauchen deshalb neben einem gewissen Expertenwissen im Handlungsfeld ihrer Klientinnen zusätzlich Methodenkompetenz für die Unterstützung der Selbststeuerung ihrer Klientinnen. Gelingende Beratung hat dabei immer Anteile von Coaching.

Unterschiedliche Rollen und Inhalte

Dennoch werden Beratung und Coaching nicht in eins gesetzt. Beratung bleibt der Überbegriff von Experten- und Prozessberatung. Für die praktische Ausgestaltung des Beratungsprozesses macht es einen deutlichen Unterschied, ob der Fokus eher die Unterstützung der Selbststeuerung durch Coachinginterventionen oder die inhaltliche Handlungssteuerung durch Experteninterventionen ist.

Gute und schlechte Beratung unterscheiden sich sowohl in der Passung der jeweiligen Zutaten dafür, was dem Klienten dienlich ist, als auch in der Qualität der Interventionen. Coaches brauchen eine gewisse Expertise im Handlungsfeld ihrer Klienten, sonst können sie nicht unterscheiden, wo und welches Expertenwissen ihren Klienten nützlich sein kann. Beraterinnen brauchen Coachingkompetenzen für die Steuerung von Beratungsprozessen im jeweiligen Praxisfeld. In diesem kann Beratung in Bezug auf die Anliegen und Herausforderungen der Klientinnen beschrieben und konzeptionalisiert werden.

In der Praxis ergänzen sich Prozess- und Expertenberatung durch unterschiedliche Rollen und Inhalte. Für komplexe Aufgaben werden Beratungssysteme konzipiert, welche die unterschiedlichen Rollen und Inhalte in Bezug auf die Anliegen der Klientinnen passend konfigurieren.

Coaching für Beratung

3.1 Die Einführung des zweiten Beobachters

Risiken für Berater und ihre Klienten

Wenn in früheren Zeiten ein Berater seinen Kopf verlor wie Thomas Cromwell 1540, bedeutet das nicht, dass seine Leistung von seinem Klienten nicht geschätzt wurde. Autokratische Herrscher fürchten Berater als mögliche Konkurrenten. Und schon die Tatsache, mit einem Berater zusammenzuarbeiten, wird vielleicht als Autoritätsverlust wahrgenommen. – Damit muss Beratung auch heute zurechtkommen.

Eine weitere *Unannehmlichkeit von Beratung* (vgl. Bacon 1986 zuerst 1597) ist die Notwendigkeit für den Klienten, die eigenen Pläne und Kalküle in der Beratung offenzulegen, um Nutzen aus der Beratung ziehen zu können. Das ist in bestimmten Situationen gefährlich, wenn Berater das in sie gesetzte Vertrauen missbrauchen. Umgekehrt ist es für die Beraterin verführerisch, sich als Teilhaberin am Leben und der Macht des Klienten zu fühlen. Schlechtere Berater schmeicheln (nur) dem Narzissmus von Klienten, füttern Illusionen, führen in Abhängigkeit und leben manchmal länger. Andere glauben, ihren Kunden (immer) die ungeschminkte Wahrheit sagen zu müssen.

Beraterinnen und Berater leben gefährlich.

Beziehungsgestaltung und Interventionen (vgl. Abschn. 2.2 Beratung als Leistungsprozess) sind Fragen der *Fachlichkeit von Beratung,* nicht von Mut, Gefahr, Narzissmus oder Wahrheit. Im Mittelpunkt von Beratung steht der Erfolg des Klienten. Für gute Berater stehen ihre Klienten im Zentrum ihres Denkens und Handelns.

Die These, für die ich argumentiere, ist aber, dass Beraten systematisch mit einem blinden Fleck verbunden ist. Um als beratende Person schnell handlungsfähig

© Springer Fachmedien Wiesbaden GmbH 2018
M. Loebbert, *Coaching in der Beratung,* essentials,
https://doi.org/10.1007/978-3-658-20602-4_3

zu sein, wird die Steuerung des Beratungsprozesses selbst systematisch ausgeblendet. Die Beraterin wiederholt in diesem Fall zunächst reaktiv das Prozessmuster des Klienten: wie es geht – *how to,* Tipps, was sich bewährt hat. Oder auch: Sie bedient seine Wünsche nach Anerkennung oder Wahrheit. Spätestens dann scheitert die Beratung an den Grenzen der Möglichkeiten der Beratungsperson. Innovation, neue Orientierung, Transformation kann so nicht gefunden und angeboten werden. Was für den Klienten kurzfristig im Sinne schneller und praxisnaher Beratung nützlich ist, wird zum größeren Risiko. Die Beratungsbeziehung wird beschädigt. Projekte funktionieren nicht. Klienten erleiden längerfristig Schiffbruch.

Erfahrene und gut ausgebildete Beraterinnen kalkulieren die Bearbeitung ihres blinden Flecks systematisch als Ressource mit ein. Seine Aufklärung unterstützt die Nachhaltigkeit und den Erfolg der Beratungsleistung spezifisch. Es geht um die Steuerung des Beratungsprozesses für die Herausforderungen des Klienten. Im Mittelpunkt steht die Selbststeuerung der Beratungsperson, um Klienten eine optimale Leistung anbieten zu können. Exzellente Beraterinnen lassen sich beraten. Sie steuern ihre Risiken und die ihrer Klienten. Sie finden immer wieder den Überblick. Sie investieren auch in ihre eigene Entwicklung. So werden sie zu noch besseren Beraterinnen.

Der blinde Fleck ist die Steuerung des Beratungsprozesses
Gemäß der traditionellen Vorstellung von Beratung, die mit dem Unterschied von Wissen und Nichtwissen operiert, ist keine weitere Bearbeitung und Reflexion notwendig. Entweder ist das, was die Beratungsperson sagt, richtig, oder es ist falsch. Die Steuerung des Beratungsprozesses, wie Interventionen gefunden und eingesetzt werden, hat keine Bedeutung. Wenn der Kunde das angebotene Wissen nicht umsetzt, ist das sein Problem.

Mit der handlungstheoretischen Fassung von Beratung als Prozess wird ein Dilemma von Beratung wahrnehmbar: Die Beratungsperson beobachtet den Unterschied von Erfolg und Misserfolg ihrer Klienten. Die Beratungsklienten erleben den Erfolg der Beratung in der Reflexion ihres eigenen Handlungserfolges und der Frage, wie und wann die Beratung dazu beigetragen hat. Allerdings selektiert jede Beratungsintervention Unterscheidungen aus anderen möglichen Unterscheidungen. Und diese Auswahl der Beratungsperson ist subjektiv. In der Interaktion von Beraterin und Klientin kann die Beratungsperson den Erfolg ihrer Interventionen deshalb nicht objektiv von außen beobachten. Die Aufmerksamkeit gleichzeitig auf das Handeln der Klientin zu richten und die eigene Steuerung des Beratungsprozesses zu beobachten ist nicht möglich. Die Beraterin beobachtet das Ergebnis von Beratung als Erfolg der Klientin. Und genau darin hat Beraten (wie jedes helfende Handeln) eine Steuerungslücke, einen systematischen blinden Fleck: Vieles ist unbewusst und kann nicht verbalisiert werden. Wir haben vielleicht ein Gefühl, können das aber nicht zuordnen. Für Wahrnehmungen und Gefühle in der Beratung fehlen uns die theoretischen und sprachlichen Mittel zur Thematisierung und Bearbeitung. Unsere eigenen Grenzen beschränken die Wahrnehmung und damit die Möglichkeit, diese für Klienten nutzbar zu machen, Unterscheidungen anzubieten, die diese selbst nicht treffen können.

Beratung zweiter Ordnung

Aus der Systemtheorie stammt das Konzept der *Beobachtung*[1]: Die Beratungsperson *beobachtet* den Klienten in Bezug auf Unterschiede, die das Handeln des Klienten für dessen Erfolg macht. In gewisser Verkürzung kann man sagen: Die Beratungsperson beobachtet, nimmt wahr und interpretiert den Unterschied von Erfolg und Nichterfolg.

Die *Hypothesen* darüber, was diesen Unterschied ausmacht, steuern die *Interventionen* der Beratungsperson. Die Interventionen der Beratungsperson sind für die Klientin mehr oder weniger hilfreich, unterstützen sie mehr oder weniger in der Steuerung ihres Erfolgs. Erfolgreiche Beratung ist, wenn die Klientin die Interventionen der Beratungsperson erfolgreich nutzt. Das Handeln der Beratungsperson nennen wir deshalb insgesamt *Intervenieren*. Alles was die Beratungsperson tut, ist im Kontext von Beratung eine Intervention. Sie ist mit der Hypothese verbunden, damit für den Klienten nützlich zu sein und zu seinem Erfolg beizutragen.

Interventionen können mehr oder weniger gut gelingen. Expertenberatung verführt dazu, für Fragen Expertise zur Verfügung zu stellen, die sich die Klientin überhaupt nicht gestellt hat. Technisches Know-how wird z. B. verwechselt mit dessen sozialer bzw. organisationaler Umsetzung. Prozessberatung, die sich auf sozialwissenschaftliche Konzepte der subjektiven Handlungssteuerung stützt, vergisst vielleicht, dass ein einfacher Ratschlag im Sinne eines Hinweises auf Best Practice der Klientin manchmal schneller und besser weiterhilft.

Die Systemtheorie führt für dieses Dilemma das Konzept der *Beobachtung zweiter Ordnung* ein. Damit ein Handlungssystem sich selbst reflektieren und weiterentwickeln kann, benötigt es eine zweite Beobachtungsebene. Anders als bloß eine zweite Perspektive wird der Blick reflexiv auf den Beratungsprozess

---

[1]Ich gebrauche den systemtheoretischen Terminus der *Beobachtung* wohl einbeziehend, dass damit auch alle anderen Möglichkeiten von mit Urteilen verbundenen sinnlichen Wahrnehmungen wie Hören, Empfinden oder Schmecken gemeint sind.

selbst gelenkt: *Beobachtung der Beobachtung.* Erst von hier aus kann *der Unterschied* von Erfolg und Nichterfolg, von Gelingen und Misslingen von Beratung reflektiert werden. Wir können das als Personen innerhalb unserer Möglichkeiten in beschränktem Maße selbst, indem wir uns selbst beobachten und reflektieren. Erfahrene Beratungspersonen spüren, wie gut Klientinnen ihre Interventionen nutzen, und können das mit ihrer eigenen Prozesssteuerung in Verbindung bringen. Aber auch hier gibt es persönliche Grenzen und Grenzen organisationaler Kontexte von Beratung.

Eine ganz *andere Perspektive* kann letztlich nur eine andere Person einnehmen. Erst der Andere macht wirklich den Unterschied. Beratung als Interaktionssystem wird mit einem zweiten Beobachter operativ in der Steuerung von Beratungshandeln geschlossen: *Beraten zweiter Ordnung* (vgl. Abb. 3.1). Ähnlich wie Führungsverantwortliche in komplexen Kontexten andere Personen (oft sind es Berater) für die operative Schließung ihres Interaktionssystems nutzen, sind auch Beratende selbst darauf angewiesen. Konkrete Beispiele dafür sind, dass es keine Fortschritte für den Klienten gibt, ein Beratungsprojekt in einer Sackgasse landet, die Beratungsperson sich mit dem Klienten verstrickt fühlt, ein Beratungsprojekt zu scheitern droht, der Kunde kündigen will, Folgeaufträge ausbleiben, der Umsatz einbricht, erfolgreiche Klienten den Beitrag von Beratung schlechtreden. Das sind Anzeichen dafür, dass die Steuerung der Beratungsperson allein nicht ausreicht.

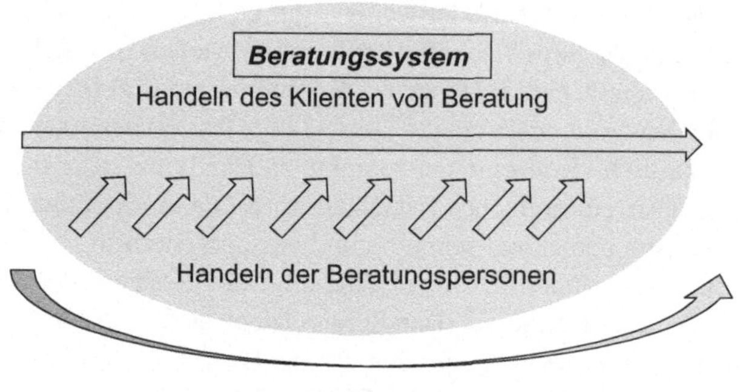

Abb. 3.1 Operative Schließung des Beratungssystems durch Beraten zweiter Ordnung

Coaching von Beratung als Beratung zweiter Ordnung

Im Fokus von Beratung zweiter Ordnung steht der Leistungsprozess der Beratungsperson. Beratung zweiter Ordnung umfasst Anteile von Prozessberatung als Coaching der Beratungsperson und Anteile von Expertenberatung für fachliche Fragestellungen wie den State of the Art, Besonderheiten im Praxisfeld, eingesetzte Methoden und Werkzeuge der Beratung.

Systemtheoretisch lassen sich *funktionale von dysfunktionalen* Interventionen der Beratungsperson unterscheiden. Sie sind als Angebote für eine funktionale Steuerung des Klienten im Sinne seines Handlungserfolgs entweder funktional dienlich oder dysfunktional nicht nützlich. Die Einführung von Beratungsleistungen zweiter Ordnung, die Möglichkeit, eine Perspektive über dem Prozess des Beratens einzunehmen, unterstützt z. B. dabei (vgl. auch unten Abschn. 3.2),

- den Leistungsprozess und den Wertbeitrag des Beraters bzw. der Beratungsorganisation zu verbessern (Coaching für Beratung als Dienstleistung),
- das einzelne Beratungsprojekt erfolgreich zu realisieren und umzusetzen (Projektcoaching),
- im Einzelfall den möglichst wirksamen nächsten Schritt zu finden (Supervision des Beratungsprozesses),
- Beraten zweiter Ordnung als organisationale Handlungsform einzuführen (Intervision),
- den einzelnen Beratungsprozess im Kontext eines Programms organisational zu konzipieren (Organisationsberatung für Beratung) oder
- den Erfolg aus einer unabhängigen Perspektive zu evaluieren (Evaluation von Beratung).

Die theoretische Position des zweiten Beobachters wird in der Bratungspraxis zu einer darstellbaren Beratungsleistung zweiter Ordnung. *Beraten Beraten* als Beobachtung zweiter Ordnung von Beratung ist dabei nicht eine vielleicht unendliche Multiplikation von Beratungsebenen, sondern genau diejenige Intervention, die das Beratungssystem für seine operative Schließung und damit für eine gelingende Selbststeuerung braucht. In der Praxis der Einführung der zweiten Beobachtungsebene ist *Coaching* darum der zentrale Ansatz. Coaching für Beratung ist aus dieser Sicht *systematisch* für den Erfolg von Beratung in komplexen Kontexten unverzichtbar.

Im Zuge der Entwicklung von Beratung als werthaltige Dienstleistung in einer sich weiter differenzierenden Leistungsgesellschaft ist das ein Beitrag für die Qualität, Professionalisierung und Kulturentwicklung von Beraten überhaupt: Qualität als maximaler Nutzen für die Klienten von Beratung, Professionalisierung als Sicherung des State of the Art von Beratung, Kulturentwicklung für eine Kultur der Klientenzentrierung und Leistung (*high performance culture*, vgl. Whitmore 2017).

Damit ist ein Maßstab gesetzt. Umfang und Einsatz von *Coaching für Beratung* bemisst sich noch vor eventuellen Bedürfnissen der Beratungspersonen als Klientinnen am Nutzen von deren Klientinnen. Der Maßstab für den Wertbeitrag von Coaching für Beratung ist der Beitrag zur Sicherung der Qualität von Beratung, Beratung weiter zu professionalisieren und eine Beratungskultur zu entwickeln.

3.2   Themen und Formate

Beraterinnen werden mit ihrem spezifischen Leistungsprozess selbst zu Klientinnen von Coaching. Indem Beratung als Leistungsprozess beschrieben wird, sind Beratungspersonen in Bezug auf ihre direkte Beratungsleistung *coachable*, coachbar. Coaches (und auch Supervisoren, siehe unten) von Beratung haben eine Vorstellung davon, auf welchen Leistungsprozess sich Coaching bezieht. Die Steuerung der kritischen Erfolgsfaktoren, Kontakt, Kontrakt, Hypothese, Intervention, Evaluation, ist dabei der rote Faden für die Beobachtung durch die coachende Person.[2]

Coaching für Beratungsdienstleisterinnen

Beratungspersonen sind Unternehmerinnen für Beratung. Sie haben ihr Herz bei ihren Kunden und wissen: Nur wenn sie selbst unternehmerisch mit ihrem Dienstleistungsangebot erfolgreich sind, kann auch Beratung erfolgreich sein. Manageriale und beraterische Gestaltung sind miteinander verwoben und verbunden. Der Coach von Beratungsunternehmern und -unternehmen sollte deshalb Prozesskompetenz mit profunder Feldkompetenz für Beratungstätigkeit und Beratungsfelder verbinden. Wie ein Fußballcoach die Spieler, ein Managementcoach die Führungskräfte oder ein Jobcoach die Arbeitssuchenden begleitet der Beratungscoach systematisch Beratungspersonen.

Der beraterische Leistungsprozess wird darin als ein unternehmerischer (Dienstleistungs-)Prozess, *professional service* (vgl. Abschn. 2.1), verstanden.

---

[2]In der Aus- und Weiterbildung von Beraterinnen kann dieser Zusammenhang konkret für Lernsequenzen und auch Videofeedback genutzt werden.

Dazu gehören Ziele, Investitionen, Risiken, Erfolg und Misserfolg. Die Kontakt- und Kontraktphase ist aus der Perspektive professioneller Dienstleistung zugleich mit den Fragestellungen von Marketing und Sales verbunden. Strategie, die persönliche Positionierung und das Leistungsangebot von Beratungspersonen und Beratungsfirmen bilden den Hintergrund von erfolgreicher Beratung. Das gilt für die Organisation von Beratung innerhalb eines Unternehmens oder einer Organisation (interne Beratung) genau so wie für Beratungsunternehmen. Es geht immer auch um das Management von Beratungsdienstleistungen.

Im Mittelpunkt steht die Beratungsperson oder ein Beratungsteam. Starke Coachingpersönlichkeiten können querdenken, nutzen ihre Prozesskompetenz und Leidenschaft für den Erfolg ihrer Klienten. Coaching von Beratungsdienstleistern verbindet Anteile von Prozessberatung und Expertenberatung und kann bei Bedarf auf andere Experten für spezifische Aufgaben wie z. B. Marketing und Evaluation hinweisen (vgl. zur Triage-Rolle des Coachs Loebbert 2017, S. 167 f.) bzw. diese mit einbeziehen.

Coaching von Beratungsprojekten
Im Fokus steht das konkrete Beratungsprojekt und sein Erfolg für die Klienten der Beratung. Im Zusammenhang mit der Steuerung des Beratungsprozesses werden weitere Themen bearbeitet wie Projektarchitektur und Projektorganisation, aktuelle Konflikte und Havarien, Gestaltung von Beratungssystemen in Bezug auf die Anliegen und Herausforderungen von Kunden und Klienten.

In der Praxis sind dabei Elemente der Fachberatung für das Projektmanagement von Beratung verbunden. Der Coach für Beratung bietet neben Interventionen für die Prozessberatung auch Managementerfahrung, fachliche Expertise und robustes Sparring.

Der Einsatz erfolgt projektbezogen. Zeit und Umfang bemessen sich nach dem kalkulierten Nutzen für den Projekterfolg. Das kann ein umfangreiches Coaching von vielleicht weniger erfahrenen Beraterinnen sein oder auch nur eine Art von Krisenunterstützung, die nur bei aktuellen Schwierigkeiten zum Einsatz kommt. In einigen Beratungsfirmen wird diese Rolle von Führungspersonen ausgeübt. Das hat den Vorteil des unmittelbaren Leistungsbezuges in der Linienverantwortung. Nicht in der Linie angebundene Coaches haben den Vorteil einer gewissen Unabhängigkeit. Besser als Linienverantwortliche können sie ihre Klientinnen mit Fehlern konfrontieren, Selbststeuerung als Kontraktgrundlage für das Coaching einfordern und auch fachlich neue Impulse setzen.

Als Formate werden Einzel-, Team- oder auch Gruppencoaching gewählt, je nachdem, ob im organisationalen Kontext eher hierarchische Vorstellungen über die Projektleitung (Einzelcoaching), agiles Design (Teamcoaching) oder übergreifende Befähigung adressiert werden sollen.

Supervision für Beratung

Supervision wird als Format von Coaching als Coaching für helfende Berufe konzipiert (vgl. Loebbert 2016), das die Beziehungsgestaltung der Beratungsperson in den Fokus nimmt. *Eine gute Beziehungssteuerung (Kontakt) ist die Erfolgsbedingung für alle weiteren Prozessphasen in der Beratung.* Damit rückt die Hilfe als Leistung von Beratung in den Mittelpunkt, damit die Hilfe auch wirklich eine Hilfe ist. Grundlegend dabei ist die Annahme der Hilfeleistung durch die Klientin der Hilfe und die darauf folgende Wiedererlangung ihrer Selbstständigkeit. Hilfe ist nur dann eine Hilfe, wenn sie auch Hilfe zur Selbsthilfe ist (vgl. Schein 2009; Carroll 2014), sodass die Beratungsbeziehung auch wieder ein gutes Ende hat.

Die Supervision von Beratung arbeitet an den spezifischen blinden Flecken der Beratungsperson in ihrer Beziehungsgestaltung. Supervisoren sind Beziehungsexperten. Dabei spielen insbesondere psychodynamische Phänomene eine Rolle: Eine Identifikation mit dem Klienten verhindert die Möglichkeit der Unterscheidung von funktionalen und dysfunktionalen Interventionen; Gruppen- und Organisationsdynamik verhindern eine ernsthafte Auseinandersetzung mit dem Kulturmerkmal Leistung; Konkurrenzverhalten von Berater und Klienten verschwendet kostbare Ressourcen; auf die Beratungsperson werden Vorstellungen von Rettern und Helden übertragen; Parallelprozesse im Beratungssystem, wie z. B. Konfliktkonstellationen, werden nicht erkannt und bearbeitet; Klienten und Kunden von Beratung geraten aus dem Blick etc. Beratung hält viele Fallen bereit.

Systematische Supervision für Beratungspersonen und -unternehmen ist ein wichtiger Baustein für das Qualitätsmanagement von Beratung. Formate wie *Einzelsupervision, Gruppen- und Teamsupervision* können zusätzliche Lehrsequenzen für die weitere Professionalisierung von Beratung enthalten. Es geht immer auch um Lernen und Organisationsentwicklung. – Supervision ist dabei ein fortlaufendes Format und in der Regel mit einem festen Zeitfenster wie z. B. ein halber Tag im Monat versehen. Zumindest sollte damit die Erhaltung und Entwicklung beraterischer Arbeitsfähigkeit gesichert werden.

Einführung von Intervision

Für die Intervision *(Peer Supervision)* beraterischer Fälle und Anliegen hat sich ein strenges formales Setting klar unterschiedener Rollen, eines strukturierten Ablaufs und fester Regeln bewährt. Es kommt für die Nutzer mehr dabei heraus, als wenn sie sich bloß einen kollegialen Tipp zwischendurch holen. Der Punkt ist:

In der Beratung zwischendurch sind Anliegen und Fragestellung in der persönlichen Handlungsvorstellung oft ungenau oder gehen sogar am Ziel vorbei. So wird der kollegiale Rat dann zum Ratschlag, den man sich auch noch anhören muss.

In der Reflexion und Lösungsentwicklung von Beratungsthemen bringen die Teilnehmenden zugleich ihre Expertise ein. Das macht Peer Supervision insbesondere im Kontext von Beratung zu einem wirksamen Mittel für konkrete Verbesserungen, Professionalisierung und auch für Kulturentwicklung in Beratungsorganisationen.

Optimalen Nutzen bringt Intervision für 3 bis 7 Teilnehmende, die sich zu geklärten Zielen regelmäßig zu einer verabredeten Uhrzeit und mehrfach in einem bestimmten Zeitraum treffen. Die Selbstorganisation bildet den Rahmen und die Voraussetzung. Unterschiedliche Organisationsformen im Team, mit Teilnehmenden aus verschiedenen Organisationen oder sogar über die Hierarchie hinweg (vertikale Settings) haben unterschiedliche Ziele. Zu Aufwand und Nutzen gibt es Erfahrungswerte und wissenschaftliche Forschung: Entscheidend sind organisationale Passung, klare Struktur und Disziplin der Teilnehmenden. In der Regel funktioniert die Einführung eines externen Coachs besser als rein interne Ansätze mit entsprechend qualifizierten internen Personen.

Beratung für Beratungsprogramme
In vielen Organisationen und Unternehmen werden Beratungstätigkeiten als Programme organisiert, d. h. unter gemeinsame Zielvorstellungen und Handlungskalküle gestellt. Beratungsprogramme bilden einen strategischen Rahmen für die Beratung. Nicht der einzelne Beratungsprozess steht im Vordergrund, sondern das Zusammenspiel von Beratungsangeboten mit anderen (Entwicklungs-)Maßnahmen und einer gemeinsamen Zielsetzung. Sie sind in der Regel maßgeschneidert: Führungsentwicklung, Personalentwicklung, Gesundheitsprogramme, berufliche Eingliederung etc. Das spezifische Design und die Architektur von Programmen sind selbst Interventionen im Verhältnis zu übergreifenden Zielen und Handlungsvorstellungen.

Die Passung und Einführung von Beratungsprogrammen oder von Beratungsbausteinen in Programmen erfordert Sorgfalt zusammen mit strategischem und betriebswirtschaftlichem Denken. Organisationale und kulturelle Kontextbedingungen müssen beachtet und einbezogen werden, damit die Beratung erfolgreich sein kann. Die Organisation und das Management der Beratung sollten darauf abgestimmt sein.

Beratung für Beratungsprogramme verbindet klassische Ansätze der Prozessberatung (Organisationsentwicklung), fachliche Expertise zu Beratungssystemen und schließlich die Begleitung der operativen Umsetzung. Ansätze sind z. B.

Fachberatung, das Coaching und die Beratung von Programmmanagerinnen oder die Supervision der beteiligten Berater.

Evaluation von Beratung und Beratungsprojekten
Beratung ist Leistung und mit Vorstellungen von wirtschaftlichen Wertbeiträgen und Wertschöpfung verbunden. Erfolg wird mit der Vorstellung eines Geldwertes verbunden: Welchen Wert gibst du dem Erreichen deines Leistungsziels? Welchen Wert gibst du den dafür neu erworbenen Kompetenzen? Welchen Wert gibt ein Auftraggeber der Tatsache, dass eine neue Stelle aus dem ersten Arbeitsmarkt besetzt wurde, eine Führungskraft ihre Herausforderung meistern konnte, ein Veränderungsvorhaben umgesetzt wurde, ein neues IT-System eingeführt wurde etc. Qualitative Indikatoren können in Zahlen ausgedrückt werden. – Das ist natürlich zunächst eine unternehmerische Behauptung *(value proposition)*.

Berater wollen wissen, welchen Wertbeitrag ihre Beratung bringt. Auftraggeberinnen und Interessengruppen (Stakeholder – *stakeholder centered evaluation*) wollen zunehmend wissen, wie und ob mit Beratung Ziele erreicht worden sind. Es geht um Resultate, sowohl um die anvisierten als auch um diejenigen, die als Neben- und Folgewirkungen auftreten. Der Verkauf und/oder die politische Mandatierung von Beratung (z. B. in sozialen Organisationen) ist oft die Voraussetzung dafür, dass Beratung überhaupt stattfinden kann. Evaluation kann Argumente dafür liefern.

Im Leistungsprozess der Beratung ist Evaluation ein wichtiger Schritt, manchmal der entscheidende Schritt. *Evaluation* sind Interventionen, die darauf zielen, die Resultate im Handlungskontext des Klienten festzuhalten und damit auch nachhaltig und dauerhaft zu sichern.

Systematische Evaluation operiert mit einfachen oder komplizierteren Modellvorstellungen, von der Sichtweise und dem Bauchgefühl der Beratenden – was auch schon nicht schlecht ist – bis zu Zahlenmodellen, welche die Wertbeiträgen von Beratung herausrechnen. Dafür sind in der Regel einige sozialwissenschaftliche Kenntnisse notwendig. Pragmatischer Maßstab ist es, eine gewissen Nachhaltigkeit zu erzielen, Lernprozesse in Gang zu setzen, oder einfach ein Vorhaben im gesetzten Rahmen von Kosten und Zeit (z. B. *balanced scorecard* für Beratungsprojekte) umgesetzt zu haben. Bei komplexen und teuren Beratungsprojekten empfiehlt sich auch ein Monitoring, um möglichst früh zu merken, wenn ein falscher Weg eingeschlagen wurde.

Explizite Evaluationsvorhaben als Coaching für Beratung entlasten sowohl Berater als auch ihre Kunden. Oft ist es hilfreich, eine dritte Partei einzuführen, die unabhängig von den Interessen der Beratenden und Beratenen ihre Perspektive zur Verfügung stellt. In jedem Beratungsprojekt sollte ein (kleines) Budget für Evaluation eingerechnet sein.

Die Beratungsforschung zeigt: 1) Die Wirksamkeit von Beratung ist kontextspezifisch. Beratung muss in unterschiedlichen Organisationsumgebungen auch unterschiedlich angelegt und gefasst sein, um die jeweiligen Ziele zu verwirklichen. 2) Das Gleiche gilt für die Evaluation als Qualitätsmanagement und die organisationale Adaption von Beratung im jeweiligen Kontext. 3) Die Evaluation der Erfolgsbedingungen, die Beratung der Erfolgsfaktoren und die Erforschung von Wirksamkeitsindikatoren verbessern systematisch die Effizienz und das Ergebnis von Beratung.

Und auch *Coaching für Beratung* darf in seinem Beitrag für nachhaltig erfolgreiche Beratung evaluiert werden. Dabei wird der Umfang und der Einsatz bestimmt und die Frage geklärt, wie viel es kosten darf, für Kunden glaubwürdige und nützliche (professionelle) Leistungen zu erbringen, Projekthavarien vorzubeugen, belastbare und langfristige Kundenbeziehungen zu gestalten oder Ergebnisse und Mehrwert von Beratung im Einzelnen auszuweisen. Hohe Wertschöpfung kann insbesondere in der Supervision von *executive coaching* und Managementbratung, mit Einführung von Intervision und Beratung für Beratungsprogramme sowie der Einführung von Intervision in einer sich selbst beratenden Organisation erreicht werden.

Coaching in der Zukunft des Beratens 4

Beratung als Dienstleistung steht mitten in einem Strukturwandel. Herkömmliche Geschäftsmodelle von Beratung als Verkauf von Wissen oder Anleitungen funktionieren in Zeiten individueller Leistungsgestaltung nicht mehr bzw. immer weniger. Wissen wird immer besser über Algorithmen im Internet verfügbar und ist zudem oft kostenfrei. Sozialregulative Anweisungen und Anleitungen wie z. B. in der Sozial- und Gesundheitsberatung sind im Ergebnis wenig effizient. Der Mehrwert von Beratung entsteht erst durch die Kombination von für den Klienten relevanten Informationen und kompetenter Prozesssteuerung durch Beratungspersonen. Noch schärfer gefasst: Ohne eine kompetente Prozesssteuerung (Coaching) bleiben Informationen relativ nutzlos.

Beraterische Leistungsangebote werden explizit durch das Angebot von Coaching ergänzt. Beraterinnen und Beratungsunternehmen in der Praxis wissen das schon länger. Unternehmens- und Managementberatung, Gesundheitsberatung oder die Arbeitsintegration sind Beispiele dafür. Herkömmliche Beratungsangebote wie die Beratung von Arbeitslosen werden neu unter dem Titel Coaching zusammengefasst (Jobcoaching). Gesundheits- und Wiedereingliederungscoaching ergänzen spezifische Dienstleistungen der Medizin und Psychotherapie. Managementberatung wird um *executive coaching* als explizite Prozessberatung erweitert. In diesem Sinne ist Coaching mehr als Mode oder beliebige Worthülse. Coaching steht für eine Innovation herkömmlicher Beratungsdienstleistungen: 1) Orientierung am Leistungsprozess der Klienten, 2) Individualisierung und Personalisierung, 3) Lösungs- und Ressourcenorientierung, um drei der wichtigsten Merkmale zu nennen. – Dabei hält Coaching auch immer mehr Einzug in andere Praxisfelder wie Lehre und Erziehung, Schule und Ausbildung, Rechtsprechung und Gastgewerbe.

© Springer Fachmedien Wiesbaden GmbH 2018
M. Loebbert, *Coaching in der Beratung,* essentials,
https://doi.org/10.1007/978-3-658-20602-4_4

Beraten braucht darum mehr Coaching. 1) mehr Coaching als Unterstützung des eigenen Leistungsprozesses und 2) mehr Coaching in der Steuerung von Beratungsprozessen. Coaching ist hierbei sowohl Ergänzung als auch Innovation herkömmlicher Vorstellungen von Beratung.

Klienten und Kunden entscheiden über ihren Bedarf. Eine neue Rolle von Coaching ist mit der von Scouts vergleichbar, die in einem unübersichtlichen Gelände den für die Klientin passenden Weg suchen, mit ihren Coachees den Bedarf klären und entsprechende Beratungssysteme konfigurieren. Das ist natürlich nicht alles ganz neu. Historische Rollenvorbilder, wie das des *trusted advisors,* werden weiterentwickelt. Herkömmliche Dienstleistungen von Führungskräften, von der anwaltlichen Tätigkeit bis zur Hotellerie werden mit dem Angebot von Coachinginteraktionen erweitert und bereichert. Immer geht es um die Verbesserung der Selbststeuerung der Klienten. Das macht den Unterschied für die Leistung und den Erfolg. Und dafür wird neben der Prozesskompetenz immer wieder auch die Praxisfeldkompetenz der coachenden Person benötigt.

Beraterinnen und Berater müssen Coaching lernen. Prozesssteuerung und spezifische Coachinginterventionen gehören in individualisierten Leistungsprozessen zur Minimalausstattung gelingender Beratung. Erfolg ist, wenn es für den konkreten Klienten funktioniert. Beratungsprozesse müssen individuell zugeschnitten und gesteuert werden. Was nicht in der Handlungssteuerung des Klienten übernommen wird bzw. werden kann, ist nicht nachhaltig, auf Dauer ohne Wert.

Die Bedeutung von Evaluation als Beratungssteuerung wächst. Coaching ist Pop. Schon in der Schulausbildung werden grundlegende Techniken vermittelt. Fernsehsendungen, Volkshochschulkurse, Ratgeberliteratur ergänzen das Angebot. Grundlegende Coachingfertigkeiten gehören immer mehr zur Kulturtechnik wie das Essen mit Messer und Gabel. Beratung muss sich dabei einer Vielzahl teilweise esoterischer Praktiken stellen: Glaubensgemeinschaften statt Augenhöhe. Für professionelle Beratung wird damit der Raum geldwerter Dienstleistung eingeschränkt. Mit der Beschreibung, Darstellung und Lehre von einfachen Methoden und Coachingtools halten Coaching und Beratung Einzug in die gesellschaftliche Alltagspraxis. Professionelle Beratung im Rahmen rechenbarer gesellschaftlicher Austauschbeziehungen wird ihren Wertbeitrag noch deutlicher darstellen müssen. Coaching adressiert Evaluation als notwendigen Prozessschritt und Erfolgsfaktor in der Beratungssteuerung. Es geht um die Wahrnehmung und Bewertung von Resultaten. Auch das gehört zum Coaching in der Zukunft des Beratens.

Was Sie aus diesem *essential* mitnehmen können

- das Verständnis von Beratung als spezifische Leistung für Klienten
- die fünf kritischen Erfolgsfaktoren im Beratungsprozess: Kontakt, Kontrakt, Hypothese, Intervention, Evaluation
- Coaching als notwendiger roter Faden für jede Form der Beratung
- die Einführung des zweiten Beobachters zur Professionalisierung und Qualitätssicherung von Beratung
- mehr Coaching – einen Ausblick auf die Zukunft des Beratens

© Springer Fachmedien Wiesbaden GmbH 2018
M. Loebbert, *Coaching in der Beratung*, essentials,
https://doi.org/10.1007/978-3-658-20602-4

Literatur

Bei den Literaturangaben habe ich auf Texte und Autoren Bezug genommen, die ich für die Entwicklung von Beratung als Praxis und Profession für besonders innovativ halte. Eine Lektüre lohnt sich.

Aristoteles. (1999). *Nikomachische Ethik* (10. Aufl.). Berlin: Akademie.

Bacon, F. (1986). *Essays oder praktische und moralische Ratschläge*. Stuttgart: Reclam.

Baecker, D. (2016). Unruhe stiften: Coaching als Medium und Form. In R. Wegener, M. Loebbert, & A. Fritze (Hrsg.), *Coaching und Gesellschaft. Forschung und Praxis im Dialog* (S. 9–23). Wiesbaden: Springer.

Block, P. (1997). *Erfolgreiches Consulting. Das Berater-Handbuch*. Frankfurt: Campus (Amerikanisch 1981).

Carroll, M. (2014). *Effective supervision for the helping professions* (2. Aufl.). London: Sage.

Erpenbeck, M. (2017). *Wirksam werden im Kontakt. Die systemische Haltung im Coaching*. Heidelberg: Carl Auer.

Grawe, K. (2005). Empirisch validierte Wirkfaktoren statt Therapiemethoden. *Report Psychologie, 7*(8), 297–311.

Greif, S., Schmidt, F., & Thamm, A. (2012). Warum und wodurch Coaching wirkt. Ein Überblick zum Stand der Theorieentwicklung und Forschung über Wirkfaktoren. *Zeitschrift für Organisationsentwicklung, Coaching und Supervision, 4*, 375–390.

Kannnicht, A., & Schmid, B. (2015). *Einführung in systemische Konzepte der Selbststeuerung*. Heidelberg: Carl Auer.

Lippitt, G., & Lipitt, R. (2006). *Beratung als Prozess* (4. Aufl.). Leonberg: Rosenberger (Amerikanisch 1978).

Loebbert, M. (2014). Praxisfelder im Coaching. In R. Wegener, M. Loebbert, & A. Fritze (Hrsg.), *Coaching-Praxisfelder. Forschung und Praxis im Dialog* (S. 199–216). Wiesbaden: Springer.

Loebbert, M. (2016). *Wie Supervision gelingt. Supervision als Coaching für helfende Berufe*. Wiesbaden: Springer.

Loebbert, M. (2017). *Coaching Theorie. Eine Einführung* (2. Aufl.). Wiesbaden: Springer.

© Springer Fachmedien Wiesbaden GmbH 2018
M. Loebbert, *Coaching in der Beratung*, essentials,
https://doi.org/10.1007/978-3-658-20602-4

Loebbert, M. (2018). Kritische Erfolgsfaktoren – Wie Coaching wirksam wird. In R. Wegener, M. Loebbert, A. Fritze, & M. Hänseler (Hrsg.), *Coaching Prozessforschung. Forschung und Praxis im Dialog* (S. 196–217). Göttingen: Vandenhoeck & Ruprecht.

Loebbert, M., & Wilmes, C. (2013). Coaching als Beratung. In M. Loebbert (Hrsg.), *Professional Coaching. Konzepte, Instrumente, Anwendungsfelder* (S. 17–48). Stuttgart: Schäffer-Poeschel.

Macho, T. (1999). Zur Ideengeschichte der Beratung. Eine Einführung. In: G. Prechtel (Hrsg.), *Das Buch von Rat und Tat* (S. 1731). München: Diedrichs.

Maister, D. H. (2000). *True professionalism: The courage to care about your people, your clients, and your career.* New York: Touchstone.

Schein, E. H. (2003). *Prozessberatung für die Organisation der Zukunft. Der Aufbau einer helfenden Beziehung* (2. Aufl.). Köln: EHP.

Schein, E. H. (2009). *Helping: How to offer, give and receive help.* San Francisco: Barrett-Koehler.

Schein, E. H. (2016). *Humble consulting. How to provide real help faster.* San Francisco: Barrett-Koehler.

Schiersmann, C., & Thiel, H.-U. (2012). *Beratung als Förderung von Selbstorganisationsprozessen.* Göttingen: Vandenhoeck & Ruprecht.

Schiersmann, C., & Thiel, H.-U. (2018). Was wirkt eigentlich in der Beratung. Auf dem Weg zu einer allgemeinen Theorie der Beratung. In: R. Wegener, M. Loebbert, A. Fritze, & M. Hänseler (Hrsg.), *Coaching Prozessforschung. Forschung und Praxis im Dialog* (S. 176–196). Göttingen: Vandenhoeck & Ruprecht.

Schlippe, A. v., & Schweitzer, J. (1996). *Lehrbuch der systemischen Therapie und Beratung.* Göttingen: Vandenhoeck & Ruprecht.

Simon, F. (2014). *Einführung in die Systemtheorie der Beratung.* Heidelberg: Carl Auer.

Wandhoff, H. (2016). *Was soll ich tun? Eine Geschichte der Beratung.* Hamburg: Corlin.

Whitmore, J. (2017). *Coaching for Performance. The Principles and Practice of Coaching and Leadership.* London: NB Publishing.